JN410831

보이지 않는 끈

보이지 않는 끈

초판 1쇄 인쇄 | 2021년 10월 29일
지은이 | 김정의
펴낸이 | 이재욱(필명:이승훈)
펴낸곳 | 해드림출판사
주 소 | 서울 영등포구 경인로82길 3-4(문래동1가 39)
센터플러스빌딩 1004호(07371)
전 화 | 02-2612-5552
팩 스 | 02-2688-5568
E-mail | jlee5059@hanmail.net

등록번호 제2013-000076
등록일자 2008년 9월 29일

ISBN 979-11-5634-481-0

金貞義 시집

보이지 않는 꿈

해드림출판사

시인의 말 …

지나온 길 돌아보니 자국마다 은총이

꽃봄 지나고 이글거리던 여름 거쳐 어김없이 가을이 왔다. 이 엄연한 흐름의 진실 앞에 숙연해진다. 지난해부터 뜻하지 않은 복병 코로나19로 아직도 지구촌이 몸살을 앓고 있지만, 이도 지나가리라. 어려움 속에서도 희망의 끈 놓지 않고, 함께 살아가는 사랑하는 이들이 곁에 있어 행복하다.

어느 사이 석양, 지나온 길 돌아보니 자국마다 은총이었음에 깊이 머리 숙인다. 목마른 세월의 고비마다 주춤거릴 때 밀어주고, 어렵고 힘들 때 잡아주고 살펴주신 보이지 않는 사랑의 끈끈한 끈으로 하여, 여기까지 무사히 이를 수 있었음에 더욱 감사하다.

때마다 감사해서, 그리워서, 가슴 뭉클한 감동으로 쓰지 않을 수 없었다. 나의 글쓰기에 소재가 되어 준 자연, 사람, 고향, 추억 등 모든 것에 감사한다. 무딘 필이지만 계속 쓰고 짓는 복을 누리며 살고 싶다.

특히 〈보이지 않는 끈〉을 읽어주시는 모든 독자님들께 감사드리며 오랜 평안을 기원합니다. 미욱한 글 어느 행간 단 한 구절에서라도 지은이의 감성에 공감해주시고, 감동을 받으신다면 큰 보람이 되겠습니다.

그동안 시의 길로 이끌어 주시고, 부족한 글의 해설까지 써주신 노유섭 스승님 감사합니다. 또한 정성모아 시집을 엮어주신 해드림 출판사 이승훈 사장님 고맙습니다. 마음모아 쓰고 그린 표지와, 책 속 삽화까지 신경 써준 조카 김인자, 늘 어미를 응원 해주는 미혜, 기현, 미성에게도 사랑을 보낸다.

2021년 가을

1004호에서 金 貞 義

차례

1부 여름 속으로

2부 흐르는 것들

3부 또 하나의 기도

4부 대숲 안 집

5부 불청객의 선물

1부

여름 속으로

나목

훌렁 벗으면 하늘이 잘 보일까

꽃을 쏟아내고
초록을 털어내고
오색 옷 죄다 벗어 던지고
매섭게 후려치는 칼바람 속
구도자처럼 고고孤苦히 서서
해 아래 모든 것들
마음 빈자貧者 되라 이르시는가.

지나간 한 시절
꽃그늘 초록구름에 숨어
붉은 정염에 타올랐던 몸
속내 들킨 아담처럼
'너, 어디 있느냐?'
우렁찬 그 호령 듣고 있는가.

이젠 메마른 벌거숭이로
야멸차게 초라해진 그대
안 깊숙이 수액 퍼 올리며

거듭난 새 생명의 내일을
아프게 꿈꾸고 있는가.

수혈輸血

깊은 침묵 속
…….
지금은 수혈 중

에움길 돌아돌아 나이테로 감기면서
갈증과 허기로
기진한 나무 한 그루
회생의 수액 갈망하니
숨가쁘게 달려오신 임
얼어붙은 물관부 더운 숨결로 녹이고
사랑의 봄물결 홍건히 길어 올린다
메마른 영혼의 뿌리에서
하늘로 팔 벌린 가지 끝까지

날자, 좀 더 날자

홍갈색 저녁노을 이울기 전
아직 날갯죽지 기진하기 전
날자, 좀 더 날자

독수리처럼 힘찰 순 없어도
낙하산처럼 부푼 민들레 씨앗 되어
꿈꾸는 싹을 품고 날자
애써 고치를 뚫고 나온
나비처럼 그렇게 날자

난다는 것은 살아있다는 것
새싹이 난다 생기가 난다 신이 난다
날갯짓 푸드덕거리는 소리가 난다
새가 훨훨 창공을 난다

반딧불이의 군무는 어둠을 날아
별빛처럼 반짝인다
빙글빙글 둥글게 둥글게
날자, 좀 더 그렇게.

여름 속으로

그대 온몸 가득
마디마다 깊숙이 익어갈 요량이면
황금빛 태양의 열기 속으로
망설임 없이 뛰어들어요

뜨겁게 끓이던 사랑
그리운 날에는
깊은 강 높은 산,
출렁이는 포용의 바다 품으로
차갑게 뛰어들어요

서슬 푸른 초록의 숨결로
쌓인 노여움의 찌꺼길랑
말갛게 삭여내고
뇌성 번개 으르렁대며
한바탕 쏟아진 소나기에
정갈하게 헹구어 놓은 세상 속으로
고요히 스며들어요

꿈꾸는 그대여 오세요

창이란 창 다 열어젖히고
뭇별 반짝이는 밤하늘의
길게 스쳐 흐르는 꼬리별 따라
오색 꿈 반짝이는
이 여름날의 열기 속으로

관심

낮 2시쯤 신대방역 앞 사거리에서
멈춰선 차창 밖으로 날 보았다고,
회색 마스크, 자주색 모자와 재킷차림으로
얄팍한 종이 봉다리 하나 들고
느릿느릿 횡단보도를 건너더라고,
늘상 잰걸음이기 기연미연其然未然 했지만
힐끗 돌아본 모습이 분명해
소리쳐 부르고 싶더라며
느릿해진 내 발걸음 왜냐고 묻는다.

한동안 못 본 전화 속 교우教友 목소리
메마른 가지 적시는 빗물 같다
하늘 별무리 중 북극성으로 다가와
냉돌방이 화롯불 품은 듯 후끈해지는
해질녘

참기름

어머니 짜주시던 기름은
언제나 고소한
참으로 참 기름이었지

거짓이 자욱한 세상
'참'자 붙었다고 다 참 것이던가
참기름 구입할 때마다
가짜인지 진짜인지 미심쩍어하니
네 이름 '참기름'에 미안쿠나

때로 억울한 적도 있겠지만
그 이름처럼 당당하게
고소한 맛 참되게 간직한다면
넌 영원한 '참기름'이라

별똥별

향촌의 여름밤
마당에 깐 멍석에 발랑 누워
검푸른 하늘 아득히 올려다보노라면
무수한 별들이 비밀을 속삭이는 듯 깜박거렸다
가끔, 빗금 그으며 어디론지 흐르는 작은 별
그 찰나의 묘기가 애처롭고도 신비로워
산 너머 어느 강가 풀밭에 떨어졌을까
별똥별 찾아보자고 보챈 적도 있었지만
해 떠오르면 안개처럼 사라지는 허망한 꿈
처연한 마음의 빈 뜰 채우지 못한 채
노을이 내려앉은 어스름 길 걷게 되면서
이제야 사계의 곳곳에서 그를 만나다니
삶의 길 함께 가다 홀연히 떠나버린 친지
햇살처럼 빛나던 덩굴장미의 이우는 꽃잎
농염한 제빛 못 이겨 툭 떨어지는 홍시
이들 또한 유성流星의 사라짐과 무에 다르랴
하나, 비워진 자리에 다시 움트는 새로움 있어
모든 존재는 늘 별똥별처럼 신비스런 게야

찰거머리

손모내기 하던 시절
질퍽한 무논에서
실한 종아리에 찰싹 달라붙어
떨어질 줄 모르던 찰거머리

언제부턴지
애틋한 그리움 하나
무서운 찰거머리로 변신해
내 맘에 철썩 들러붙었어

누군가에 사무친 맘자리
물고 늘어져
밤이나 낮이나, 나나 드나
떨어질 줄 모르는 찰거머리

하늘과 땅 사이
나 허기져 가는 동안
그도 내내 함께 가려나
애처로운 찰거머리

밤송이

투욱 툭 무심히 떨어진 밤송이
방긋이 벌어져
알맹이 찬연히 반짝일 때
비로소 나는 알았네
날 선 가시의 슬픔은
사랑의 뜨거운 장치였음을

태초로부터 모성 본능은
제 살붙이 혹여 다칠세라
두 눈 부릅뜨고 가시가 되는 것
토실한 새끼 잘 여물었을 때
제 몸 순하게 바스러져
말없이 흙으로 돌아가는 것임을

개망초

뙤약볕 내리쬐는
논밭 둔덕, 산언저리에
보건 말건 지천으로 피어나
희멀건 행색으로 바람결에 흔들흔들
이름마저 개망초라고,
하잖다, 보잘것없다
여겼는데…

문득 고향집 사무치게 그리운 날
다 떠나고 없는 옛사랑 터 찾아
들길 터벅터벅 걷노라니
하얀 미소로 두 팔 벌려 달려와
친구처럼 맞아주는 너
녹두장군의 농민군처럼 씩씩하게도 보이고
이리도 정답고 사랑스런 것을
미안하다, 부끄럽다

너를 향한 시 한 수 곱게 빚어주면
빚진 마음 더러는 삭일 수 있을까
이제부턴 '개'자 뚝 떼고 '참'을 붙여
네 이름 '참망초'라 불러주리

능소화 · 2

여름날의 열기 속
그리움 출렁출렁 초록 잎 바다에
주홍빛 송이송이 매혹의 자태
그대 가슴 겹겹이 한으로 맺힌 사랑
기댈 것만 있으면 몸부림치며 기어올라
애태우며 굽어보는 높디높은 담장 밑
저기 아득한 구중궁궐 임 계신 곳
목이 터져라 불어대는 주홍빛 나팔
그 소리 허공을 맴돌다 빈 메아리로 돌아와도
밤이면 달빛 별빛에 띄우는 애절한 세레나데
날 새면 또 뜨거운 햇살에 끓어오르는 열정
그대는 오로지 그 임 향한 일편단심
여름날의 열기 속에 그리움 칭칭 감고
사무친 기다림에 슬퍼도 행복한 사랑
태양처럼 타오르는 주홍빛 능소화여

이 봄의 장미 곁에서

5년 전, 그 봄 어느 날
보라매공원 연못 가 벤치에
당신과 나란히 앉아
창포꽃 노란 웃음 사이로
유영하는 잿빛 오리 한 쌍을
기쁨으로 반겨 주었지요

그 따끈하던 벤치 뒤쪽
어린나무 가꾸던 장미원엔
꽃봉오리 몇 개만 수줍게 오므리고
내일을 기약하고 있었는데….

당신은 떠나고
이 봄, 장미는 사랑처럼 피어나
빨강 주황 노랑으로 요염한 자태
미풍에 살랑살랑 향기 날리며
절절한 빛깔마다 눈물 비쳐 피네요
감미로운 그 모습 되레 서러워
이 모양 저 색깔 자꾸만 찍어서
먼 하늘나라 당신께 띄워보지만

파란 허공엔 말 없는 임의 미소만
하얀 장미 되어 피어나네요

노랑에 대한 기억

아장거리던 내 봄날
노랑을 잔뜩 머금은 햇볕이 내려와
어미 곁 종종거리는 병아리를 어루만지고
순둥이 누렁이를 핥아주며 장난치고
차가운 흙 밀쳐 샛노란 싹 틔워 올렸지
노랑으로 넘실대는 흙마당엔 햇살이 눈부셔
두 눈 감고 올려다본 하늘엔 별이 번쩍거렸어
바람처럼 날쌘 엄마 치마꼬리 붙잡고 간 야산 밑
황토밭 한 두렁의 노란 배추장다리 꽃물결
짙은 향에 취한 나비들의 노랑군무는 황홀했었지
아빠 손 잡고 입학하러 가던 시오리 길
내 노랑저고리, 개나리 노란 웃음도 설렘이었어
큰 오빠가 선물한 노랑 향나무 연필 열두 자루
삐뚜름히 써 내려간 사각사각 향긋한 소리
노랑으로 싹터 오른 유년의 환희여

노랑도 달빛 비스름히 물이 들면 애련한가
보릿고개 넘느라 누렇게 뜬 봉섭이 얼굴
잽싸게 여물고 싶어 안달하던 보리도
목 꼿꼿이 세우고 꺽꺽 노란 울음 삼켰지

끓는 태양이 초록바다 노 젓는 한 계절
묵묵히 숨어 안을 다스리던 노랑은
때를 맞은 결실의 황금물결 출렁대면서
자랑과 보람 지그시 누르고 푹 숙이는 자세
시들어 가뭇없이 사라질 누런 빛 채비였나
노랑 삼베수의로 마지막을 치장하신 할머닌
눈발 속 황토무덤에 드신 후
봄은 오고, 또 오고
푸릇한 무덤가엔 샛노란 민들레가 할머닌 듯 반겼지

처음과 나중, 기쁨과 슬픔을 아우른 신비의 노랑이여

석양에 시를 짓다

생각건대
무얼 짓는다는 건
매우 갸륵한 일 아닌가

아버진 새끼들 이름 지어 세상에 알리고
어머닌 꼬까옷 짓고, 새벽밥 짓고
때론 약을 지어 부실한 몸 챙겨주시며
남몰래 눈물짓고, 괜찮은 척 웃음 짓고
다 지어도 죄만은 짓지 않고
부지런히 복 지으며 사셨지

석양인데
나도 무얼 좀 짓고 싶어
눈을 들어 창공을 올려다보니
나뭇가지 위 오묘한 까치둥지
아! 바로 저거로군
신비론 자연과 사람을 재료 삼아
부지런히 시의 집 몇 채 지어보리라

울긋불긋

봄 무르익어 찬란한 꽃동산
가을 깊어 불타오르는 산등성이
자연이 만들어내는 울긋불긋은
곱고 화사한 한 편의 시

색동 설빔으로 설레면서 자란 아이
초록에 쏟아진 소나기 지난 후면
신비한 곡선 보 · 남 · 파 · 초 · 노 · 주 · 빨
고운 무지개 꿈 품고 여물어간다

화폭에 펼친 피카소의 붓놀림
밀림 속 추장의 요란한 문신과 깃털 장식
먼 동굴 속 퇴색한 고구려 벽화
원색으로 꾸민 무속인의 신당
황톳길 지나는 꽃상여와 펄럭이는 만장
사람이 만들어내는 울긋불긋은
마음의 강물 따라 느낌도 가지각색
여러 빛깔 마음의 조화造化로
행여 잘못 조작하여 붉으락푸르락 노기 띨까 저어하네

덩굴손

꿈빛 내일을 향하여
영혼의 촉수 높이고
가느다란 팔, 여린 손으로
조심스레 더듬더듬 기어올라
허공을 감아 움켜쥔 손
비바람에도 춤추고, 햇빛 별빛과도 노닐고
소리 없는 아우성으로 줄곧 내달리며
쉼 없이 가꾸어 온 초록의 영토에
사랑으로 피운 꽃, 알알이 맺힌 열매
오순도순 조잘조잘 화락한 웃음소리
어여쁘고 갸륵하여 다시 솟는 새 힘으로
앞으로 앞으로만 지침 없는 나아감
그대, 강인한 의지의 덩굴손이여
나의 하늘길에 어깨동무할거나

틈

고운 그릇
실금 가더니
틈까지 벌어져
매운바람 쌩쌩 들락날락
아리고 쓰린 틈 사이로
연민의 하늘이 들어와
뜨거운 햇볕 불러 녹이고 녹이니
질긴 인연의 고리 움켜쥐고
다시 붙어 하나 된 그릇

하늘과 땅 사이
수많은 존재들이 벌린
너와 나 사이의 틈과 틈
애써 메운 자국마다
고이 어루만지는
자비의 손길이여

2부

흐르는 것들

거북이의 귓속말

어릴 적 시골집 흙마당을
한바탕 폭우가 휩쓸고 지난 후면
어디선가 엉금엉금 거북이가 찾아왔다
할머니는 반색을 하시며
복둥이가 집안 살피러 왔으니
해코지 말라고 신신당부하셨다

해 설핏한 노을 마당에서
그날의 거북이를 다시 만났다
-천천히 풀꽃들의 속삭임도 귀담아 듣고
두루두루 살피면서 네 곁에 도달했노라
-느림보 달팽이를 보거라
나선형 집 한 채 등에 지고도
시간의 여유를 어루만지며
초록 잎에 끈끈한 시를 쓰며 가는 것을

바람처럼 획 달려온 나
느림이의 귓속말이 하도 따끔해서
이제라도
시간의 가지 꼬옥 휘어잡고

달팽이의 촉수로 휘돌아 살피면서
느릿느릿 기어서 가련다

기다림, 그 시간

해 설핏한 노을녘
걸어온 길 돌아보니
목마른 세월 고비 고비마다
새싹 품고 오신 꽃비의 은택
그 싹 고이 자라나길
가슴 두근거리며 기다리던
기대와 설렘의 시간

아득한 은하의 강 건너기 전
너를 향한 나의 그리움
나를 향한 너의 기다림
출렁출렁 뜨거운 강물로 흐르던
그때가 향기론 삶의 클라이맥스였어

정작, 맺힌 꽃망울 활짝 벙글거리고
초승달 만월 되어 휘영청 빛 부시고
미지 여행의 꿈 이루고 나면
꽃 지고, 달 이울고, 떠날 아쉬움에 젖으니
진정, 간절히 원하는 건
하늘 맑은 날, 둥둥 북소리 울리며

나를 맞아주는 일

그날이 조금 천천히 온들 어떠랴
기다림, 그 시간만이 삶의 절정이던 것을

생각에 대한 생각

저기 저 저 하늘 끝
저녁놀이 서럽게 물드는데
아직도 생각의 바다에서 허우적대니
생각건대, 생각하기 위해 태어났나
잠자리에서도 생각에 생각이 꼬리를 물어
좀처럼 잠들지 못하는 나

"어린 것이 무신 생각이 그리 많을꼬"
햇볕 노란 토방에 쪼그려 앉아
흩날리는 살구꽃만 눈물 글썽 바라보는 꼬맹이
할머닌 혀를 끌끌차며 누룽지로 달랬지만
오로지 보리밭의 엄마 생각뿐

때마다 생각의 옷을 갈아입고
별별 생각을 별처럼 반짝이며
끝없는 생각의 바다를 헤엄쳐 오는 동안
보이는 손, 보이지 않는 손이
끊임없이 내 생각의 밭 촉촉이 일구시어
나름의 꽃 피우고 열매 맺을 수 있었다는
생각을 생각하노라니

오른손으로 턱을 괴고 구부려 앉아
밤낮없이 골똘한 생각에 빠져있는
로댕의 '생각하는 사람'이 된다

생각이 끝날 때 삶도 끝나리란 생각이여

흐르는 것들

푸른 지구별 안에서
흘러 흘러오는 동안
막힌 것 뚫리면서 흘러가고
어둠도 빛을 밝혀주며 고맙게 지나가고
정든 사람 그리움으로 떠나가고
검은 뭉게구름 빗물로 쏟아져 흘러가고
일곱 빛 무지개 잠깐 보이다 사라지고
꽃도 이울고 나무도 고목되며
나는 새, 뛰는 사슴, 기는 거북이도
저마다의 속도로 흘러 흘러서 간다

모든 흐름에는 순응하는 소리가 있을까
물소리 바람소리 천둥소리
웃음소리 신음소리 통곡소리
도무지 말로는 거역할 수 없는
무서운 시간의 괴력 앞에
그 무엇도 당할 재간이 없으니
거대한 바위도 부서져 내리고
사람의 마음도 생각도 흘러간다

푸르른 날 아다지오, 안단테로 흐르다가
가을빛 따라 프레스토, 프레스티시모로
찰나를 소용돌이치며 흘러 흘러가니
단 한 번 지나가는 세상길
크신 임의 완벽하신 내비게이션에
내 인생의 목적지 꾹 찍고
그냥 두려움 없이 흘러 흘러가련다

새해가 오셨네

겨울 깊은 밤
빈 나뭇가지 스치는 바람결에
가만가만 어둠을 헤치고
새해가 오셨네

색동옷 매만지며 애타게 기다릴 땐
거북이처럼 더디 오시더니
초라한 은발 모습 무에 그리 보고파
빛발처럼 달려오시나요
그리 반가울 것도 희망찰 것도 없는 임
손 꼭 잡고 함께 가자 재촉하시네

그 임 야속타 원망치 말고
정갈하게 몸 씻고 새 옷 갈아입고
사계의 풍광 속 노을 꿈 펼치면서
다소곳이 따라가려네

그러자고 날 다독이며
새해가 오셨네

보이지 않는 끈

엄마 자궁 속 씨눈이었을 때
핏줄로 내려 내려온
질긴 비밀의 끈 디엔에이(DNA)

과학의 눈으로도 안 보이는
영혼으로 이어진 엄숙한 선線

너와 나로 연결된
거미줄처럼 끈적한 연줄

비다도 몸속으로 들어와
실핏줄까지 산호색 물들이고
깊이와 넓이를 채근하는 혈맥血脈

캄캄한 길 오는 동안
잡아주고, 끌어주고, 밀어주고, 살펴주신
영험靈驗한 음성 감지할 수 있도록
소라껍질 수신기에 고성능 안테나 덧대고
무선의 끈 꼭 잡고 나아가는 나의 길

어느 날

어느 날
어느 날이 내게로 와서
엄마의 아기집 밖으로 나와
아장아장 어여삐 자라면서
떡잎 같은 입술로 "엄마 맘마"
첫 낱말을 터트렸느니
또 어느 날엔 눈이 열려
아리따운 꽃을 보고 나비를 보고
알 수 없이 가슴 떨렸느니
그리고 어느 날
초록의 광장으로 스승님 찾아가
어둑한 세상을 배우노라니
그 어느 날
당신이 다가와 손잡고 가자기에
함께서 새콤달콤 이럭저럭 살다보니
어느 어느 날
새끼들은 제 둥지 만들어 훨훨 날아가고
당신 또한 먼 나라로 떠나고
해 저문 바닷가 허허로운 모래톱에
홀로 남아 아득한 수평선 바라보는데

어느 날 홀연忽然히
은총의 손길로 찾아오신 임
노을빛 꿈의 궁전 지어놓고
날 품어 천천히 그의 뜰로 이끄시니
이 모두는 어느 날의 섭리 아닌가요

2월이시여

잿빛 겉옷 걸친 채
자그만 자세로 몸을 낮추고
시린 눈길 사이로 조심스레 오시어
앙탈하는 칼바람 휘어잡고
알몸의 나뭇가지에도 눈을 맞추며
먼 햇살 끌어다 가슴 그득 채우고
어엿이 봄을 세워 놓은
2월이시여

따스한 자리 마련하여
서럽고 고달픈 이들 모아놓고
푸른 꿈 양껏 먹이고픈 모성으로
느릿느릿 연두물감 풀어내어
안 먼저 적셔 채우는 자애로움
2월의 우주시여

설산 언저리 검불 속에
복수초의 노란 웃음 서둘러 피워놓고
충만한 미소로 굽어보시는
마술 아닌 기적의 오묘함이여

사랑하는 이들에게
꽃길 애써 열어주고
소리 없이 사라져가는
거룩한 어버이 사랑

정말 용하십니다
2월이시여!

억새

초가을 햇살 안고 무리 지어 춤추며
손짓해 날 끌어안던 은보라 빛 사랑
신혼길 이부자리 실은 수레 위에
억새 한 묶음 잽싸게 올려놓자
말없이 웃으시던 어머니
그 언덕배기 억새 볼 적마다
눈물 글썽였다는 당신

몽환적인 억새 구름 헤집고 들어가
낭만의 포즈 잡던 그리운 얼굴들
앨범 속 세월마다 그리도 삼삼한데
만추의 찬바람에 서걱대는 억새 무리
이제는 허연 머리 풀어헤치고
희뿌옇게 삭아 내리는 애처로운 모습
보이기 싫다 손사래 치며
섧도록 어깨 들썩 흐느끼누나.

꽃차를 마시며

눈발 흩날리는 창가에서
뜨거운 감국차 한 잔 들고
너를 향한 생각을 마신다

샛노란 꽃송이 똑똑 따서
가을볕 비낀 그늘에 말려
사랑 담은 한 봉지 쥐어준 친구
그는 가고 없는데

희뿌연 김 물안개처럼 피어오르는
찻잔 속 더운 웅덩이에 여남은 꽃송이들
요술 부리듯 몸 뒤집으며 방긋방긋
무언의 향기 짙게 피어 올린다

죽어서 다시 피어나는 송이송이
누굴 위한 향연인가
서서히 우러나는 깊은 맛 음미하며
회상해보는 우리들의 옛이야기

진분홍빛 함성

오월, 그 첫날 아침
베란다 창문을 열자 훅 감겨드는 몽롱한 향기
두 손바닥 크기의 진분홍빛 천사 다섯이
겹겹의 비단 옷자락을 펼쳐 맞으며
역사의 그날 만세처럼 함성을 지른다

혼자서 누리기엔 벅찬 호사
외로운 맘, 은밀한 속삭임까지 사진기에 담아
뉴헤이븐, 토론토까지 띄우는
꿈결 같은 이 축제는
어젯밤 당신이 살짝 내려와 마련했을까요
육 년 전, 초록빛 공작 날개 몇 줄기를
옹기화분에 고이 모셔놓고 하늘여행 떠나더니
다섯 식구 둘러앉아 축배 들던 그날처럼
진분홍 다섯 송이 환하게 밝혀 놓고
코로나의 날들 잘 견뎠노라고
짝의 생일 앞당겨 베푸시는 연회인가요
어쩌다가 천사호(1004호) 내 집에서 연을 맺어
햇볕 고픈 삶터에서 몸 비틀어 빛을 마시며
애써 피운 진분홍빛 공작선인장 꽃

화려한 날개 펼쳐도 날지 못하는 공작처럼
찬란한 모습 힘없이 접고 마는 단 하루의 영광이여
그대의 본향은 남미 중앙고원 모래 벌
햇볕 내리쬐고, 별 총총 밤이슬 달콤했으련만
그 하늘 아득하여 꺼이꺼이 울음 참으며
내게 보낸 함성은 먼 고향 그리는 아우성인가
우린 네게 어쩔 수 없이 빚진 자로구나

토요 사랑

매주 토요일 아침
벽시계 두 바늘이 7시를 맞잡을 즘
약속처럼 찾아오는 수신기의 울림은
먼 하늘 바다 건너 사랑이 오는 소리
재빠른 "여보세요~"로 대화의 문을 열어
해님처럼 환한 그의 목소리 맞이하면
이레 동안 고인 이야기 샘물처럼 찰랑인다

이 봄, 대서양변에도 해당화는 피었는지
아들의 아들놈은 희망차게 달리는지
소나기처럼 퍼붓는 어미의 궁금증에
웃음 띤 답으로 간간이 익살을 부리는 아들과
시사 근황 정치 문화 예술을 넘나들던 화락한 담소
금세 60분을 넘보는 끝자락에 이르면
돌연 둘의 전공은 바뀌기 일쑤다
이렇게 저렇게 써보라는 그의 글쓰기 지시에
이것저것이 몸에 좋다고 처방하는 어미 의사
우린 다음을 기약하며 흔쾌히 작별을 고하며
그렇게 매주 토요 만남은 20여 년이 흘렀다

야무진 꿈 한 덩이 달랑 싸 들고
이국의 앙칼진 찬바람 속으로 뛰어들어
힘든 내색 없이 희망을 안겨주던 아들
하늘은 그에게 감사를 선물로 내렸을까
감사로 강의하고 연구하고 진료하는 사이카이애트리
스트

단 한 번도 거른 적 없이 찾아온 토요 목소리
그 환희의 담소 함께 누리던 남편은 그사이 떠나고
옹알이하던 손자는 대학에 들어가고
내 머리칼은 허옇게 변색됐지만
세월에 기죽지 말라 힘차게 응원하는 아들이 있어
나는 여전히 청춘이요 행복한 어미다

낮달

빛부신 대낮
무심히 올려다본 빈 하늘에
있는 듯 없는 듯 조신하게 몸 사리고
말없이 굽어보시는
그리운 어머니의 창백한 얼굴

달님 휘영청 어둠을 살라
고향집 살구나무 훙건하게 적실 때
사랑의 세레나데 불러쌓던 소녀도
지금은 창백하게 혈색을 잃고
하얗게 닮아버린 어머니 얼굴

가을입니다

눈길 닿는 자연마다
애연哀然한 시로 읽히고
'주여~'라는 기도 절로 나오면
가을입니다

도라지꽃 빛 하늘 아래
들녘의 이삭 서걱거리고
은하수 점점 하늘 한복판으로 흐르는 밤
풀벌레 소리에 마음 글썽이면
가을입니다

누군가에게
깊은 마음 담아 손편지 쓰고 싶어
어디론가 떠나고 싶어지면
가을입니다

오래된 것에 애착이 가도
낙엽처럼 훌훌 털어내고
노을 속으로 침잠하는 나
진정 가을입니다

12월의 창가에서

나뭇잎 다 져버린
12월의 창가에서
차가운 유리창에 호호 입김 불어
무심코 써본 글자
'다 싫 고 보'
애련한 마음 향기로 적셨을까
봄나비처럼 훨훨 날아오는 너

노을빛 붉은
12월의 창가에서
차가운 유리창에 입김 호호불어
무심코 써본 글자
'해 랑 사'
뜨거운 화살 되어 네게 꽂혔을까
눈빛 마주 보며 성탄 캐럴 불렀으면

별빛 초롱초롱한 12월의 창가에서
차가운 유리창에
검지 꾸욱 꾹 눌러 써보는 내 마음
겨울 녹이는 모닥불 되어
그리운 네 가슴에 닿았으면

오늘

무릎 꿇고 가슴 열어
소중하게 받은 '오늘'을
두 손으로 공손하게 엽니다

휙 날아가 버릴 기세로
째깍째깍 노려보는 매서운 눈초리
하지만 가장 느린 시간 열차를 타고
하루 속 봄 여름 가을 겨울을
생애 전부로 누려보렵니다

기적의 오늘은
영원을 품은 마지막 날이요
어제는 나의 보랏빛 그리움
내일은 미지의 선물인지라
오늘, 오늘만을 내 날로 모시고
흠씬 사랑하고 사랑 받으며
은총으로 살아가렵니다

꿈틀, 그 존재에 대하여

새벽녘 현관 밖의 툭 소리에
신문을 들여놓다가 신문 위에서
꿈틀, 깨알만 한 검은 것
먹이를 찾는지 가족을 잃었는지
분주하다
무거운 정적 속 움직이는 두 생명체
너와 나는
일하고 먹고 배설하다가
언젠가는 사라지는
어느 별에도 없다는, 똑같은 꿈틀
그를 창밖으로 가만히 내보내고
신문을 펼치니
증오로 으르렁대는 이란과 미국
금방 살상의 칼날이 부딪칠 듯
전운이 감돈다

3부

또 하나의 기도

그 책에 길이 있어

무언가에 늘
허기지고 목마른 마음
콩나물에 물 주듯이
읽고 읽어 영혼을 적신다

이 땅 하 많은 갈래길
문명 속 미아나 되지 않을까
길을 찾아 그 책을 읽는다
생명의 그 불빛 등대 삼아
캄캄한 바닷길 노 저어 간다

창세기부터 요한계시록까지
깊이 씹고 잘 소화시켜
빈약한 내 심신 구석구석까지
영의 양식 토실하게 채워 준다면
어둑한 귀 뜨이고 흐릿한 눈 열려
사랑의 강물 철철 흘러내린다면
매양 과식한들 어떠랴

애린愛隣 십자가의 도가 거기 있어

새벽마다 육필로 새긴
진리의 길 신 · 구약 66권을
유일한 나의 가보로 남긴다

중심 잡기

출렁이는 물가에
한쪽 다리로 중심 잡고
꼿꼿이 서 있는
두루미의 의젓한 자세

세찬 바람결에
무수히 흔들리면서
중심을 움켜쥔 풀잎의 몸부림

어둔 세상 밝히려
수직으로, 수평으로 뻗은 팔
그 만남의 중심에 품은 사랑
'좌로나 우로나 치우치지 말라'
붉은 십자가의 뜨거운 고뇌

아집과 비방의 예리한 날 세우고
상대방을 향해선
귀 막고 눈 가린 사람, 사람들
대자연을 스승으로 모시면
세상의 중심 바로 잡히려나

내 마음의 오케스트라

더 잘 듣기 위해 눈을 감는다
눈 감으면 좀 더 잘 보일 때가 있다
검정 연미복 지휘자의 앞모습이 그렇다
정적을 휘젓는 지휘봉은 권위로 감싸여
그의 눈빛 따라 천둥 치듯, 잔물결 찰랑대듯
때론 미풍이 꽃잎 어루만지는 듯한 소리
켜고, 불고, 두드리는 저마다의 악기로
하나의 조화로운 화음을 내기 위하여
해산하는 어미처럼 참아내는 아픔의 희열
청중의 영혼을 적시는 경이로움이여

만추의 아름다운 연주를 위하여
나 어떻게 내 마음을 지휘해야 할까
삶의 절묘한 하모니 만들어 낼
'아홉 열매' 단원을 기어코 모셔야 하리
사랑·희락·화평·인내·자비·양선·충성·온유·절제
이들이 조화로운 화음에 녹아들도록
부친께서 사랑의 선물로 주신 '성실', 그를
오보에* 주자로 삼아 기준 음 '라'를 불고
모두가 자기의 악기를 조율, 튜닝을 마치면

누에고치 비단실 뽑아내듯
하나의 목표 위한 최상의 소리 뽑은 후
인생의 뜨거운 박수 받으며
서산마루 넘는 해처럼 퇴장할 수 있다면….

*오보에(oboe): 높은음을 내는 목관악기로, 음색이 맑으며 온도나 습도에 덜 민감해서 정확한 음을 들려줌(보통 오보에 수석 주자가 기준이 되는 '라'음을 불어주면 모두가 거기에 맞춰 자신의 악기를 조율함)

보금자리

씨앗을 뚫고 나온 새싹도
알을 깨고 나온 새끼 새도
아기집 빠져나온 젖먹이도
위하여 마련된 보금자리 없었다면
설한풍 이겨내고 자라날 수 있었을까

흙 속이든, 날갯죽지 밑이든, 누옥陋屋이든
어미 등불 밝힌 곳이면
몸뚱이 따스한 보금자리 되었거늘

이천 년 전 캄캄한 광야에서
말씀의 등불 높이 켜 든 당신은
-여우도 굴이 있고
-공중의 새도 거처가 있으되
머리 둘 곳 없는 매서운 찬바람 속
쓰라린 가시형틀 까지도 친히 감당하시어
우리 영혼의 영원한 보금자리 되시었으니

나무처럼

나무처럼
하늘 우러러 두 팔 벌리면
나도 그리 향기로울 수 있을까

천년을 아니 만년을
진득이 서서 참아낼 줄 알면
나무처럼 그리 의젓해질 수 있을까

신록 녹음 단풍 설경
사계의 꿈 오묘하게 펼치면
나무처럼 그리 아름다울 수 있을까

사람보다 먼저 대지에 뿌리내리고
싱그러운 사랑 주고 또 준 나무
아, 그대처럼 지치지 않고 베풀면
나도 참사람이 될 수 있을까

눈들 위의 불꽃 눈동자

지구별 가족들이 눈만 끔벅거리며
차가운 거리를 눈으로 걸어간다
입 코 가리고 온몸 다 가려도
눈만은 가릴 수 없다
가야 할 길 미로인 양 허둥댈 테니

아주 미세한 것에 쫓겨 덩달아 작아진 우리
너와 나의 안타까운 거리에 갇혔어도
용케 눈만 보고도 반가운 얼굴 알아보고
눈이 먼저 웃고 울며 말을 다물고 눈인사를 건넨다

저 깊고 아득한 설원雪原처럼
투명한 수정체에 꽃마음만 담겼으면
너와 내가 드나들 수 있는 소통의 창을 열고
따듯한 너를 초대하여
내가 볼 수 없는 나의 등도 보이면서
해거름에 바빠진 눈의 등불 밝히고
은하로 흐르는 하늘길 이야기도 나누었으면

심정의 호수도 때의 물결 따라 흔들린다

무수한 마음 방의 희로애락애오욕喜怒哀樂愛惡慾
미묘한 칠정이 제빛대로 애원하고 주장하다 부딪쳐
뇌성벽력으로 온 땅이 어둠에 싸일 때
암흑을 꿰뚫고 지켜보는 불꽃 눈동자

깊게 파인 구멍 속까지 샅샅이 살피시는 당신
낮엔 해처럼, 밤엔 달처럼 어둠을 살라
허기진 내 영혼의 메마른 눈 밝히시려
졸지도 주무시지도 않는 불꽃 눈동자
당신의 그 거룩함에 기대면 두려울 게 있을까

빠지다

인생길 가다 보면
풍덩 빠지는 일 허다하네

'금당도에서 사랑에 빠지다'
낚시질 남녀의 동영상이
달콤한 선율을 타고 흐르네

뱀의 꾐에 빠진 아담과 이브
에덴에서 쫓겨난 가시밭길에서
에로스의 희비에 빠져
이리 지속되어 온 인류 역사 아니던가

빠지는 것 순식간이라네
세상 구석구석에 도사린
마의 블랙홀에 자칫 잘못 빠질라

하지만 빠져봐야 황홀경 맛볼지니
좋은 것에 푹 빠져보고 싶네
저물녘 하늘 구름 유유히 흘러가듯

무한한 상상의 날개 펴고
향기론 시의 나라에 흠뻑 빠져보려네

창을 닦으며

황혼 무렵
엉엉 울어 쌓는 두 개의 창
희뿌연 껍데기 말끔히 닦아 내려
기도로 야무지게 다짐한다

숱한 날들 보아 내느라
무한 고달파 흐릿해진 창에
깊숙이 고개 조아리고
의료진의 손을 빌려
지성스레 닦아낸다

황혼을 뚫고 오는 불꽃같은 빛
닫아도 잘 보이는 속 깊은 창
세상이 너무 환하여
가슴 뛰게 조심스럽다

선녀의 호수처럼 청랑한 창에
초록빛 마음을 꾸욱 심는다
보는 것 넘어서 듣고 말도 하라

좀 더 멀리 깊고 넓게 '에바다'
황혼길 넘어지지 않도록…….

첫~, 모든 처음은

'보시기에 심히 좋았더라.'

엄숙하다, 희망차다
첫울음 터트리고 나온 생의 첫째 날
해마다 맞이하는 새해 첫날

가슴 두근거리다
초등학교 입학식 날
선생님 동무들과 첫 만남

설레다, 짜릿하다
첫눈 내리는 날, 눈이 맞아 싹튼 정
첫사랑과 함께 걷던 따스한 오솔길

미숙하다, 신선하다
첫 출근한 사회 초년생의 첫인상, 첫 대화
첫발자국 떼면서 넘어지고 일어서고
그윽한 첫날밤 지나, 첫아기는 신기하고
첫 손주는 기쁨에 벅차
무턱대고 뜨겁다

그랬다, 나를 찾아가는 길은
그렇게 첫~을 통하여 흘러 흘러서
여기까지 왔나보다

또 하나의 기도

때마다의 갈망
한 번도 외면하지 않으신 임
또 한 번 들어 주소서

살아가면서
누에고치 비단실 빚어내듯
속 깊은 곳에서 뽑아 올린
나의 글 몇 줄이
누군가의 가슴을 적셔
그의 슬픔, 외로움
어루만져 줄 수만 있다면
더는 보채지 않겠습니다

그대 뉘신가

맛도 빛깔도 향기도 없으나
생명의 소리, 생성의 소리 우렁차네

때론 비가 되고 눈이 되고
서리 되고 이슬 되니
아무도 그 뜻을 막을 수 없네

막히면 돌아가고
갇히면 채워주고
걸리면 넘어가며
네모 세모 동그라미
그릇 생긴 대로 따르네

미움도 아픔도
유유히 흘려보내며
약한 듯 강한 폭포수 기세
그대 뉘신가
진정 물처럼 살고 싶은
그대는 누구신가

눈물

심중 깊은 곳
마르지 않는 샘이 있어
깊은 슬픔에 솟구치고
진한 기쁨에도 흥건해 지는가

만나고 사랑하고 헤어짐이
눈물 아니던가
정든 이들 떠나간 불 꺼진 고향집
인적 없는 모래사장 철썩이는 파도 소리
황혼녘 시린 하늘을 울고 가는 기러기
보도블록 틈새를 비집고 나온 풀꽃
가을 들녘에서 서걱대는 마른 잎들
한해의 마지막 달력……

하얀 눈 햇볕에 녹아내린 눈 물
눈물처럼 풀잎에 맺힌 이슬방울
시시로 글썽이다 마르는 눈물
인류 위한 성자의 눈물
탕자를 위한 어머니의 눈물은
분출하는 용암보다 뜨거워

그 눈물에 녹지 못할
슬픈 난치병 있을까

지정至情에서 절로 솟아나는
무언의 언어여
오묘한 칠정七情 물빛으로
마음속 무지개 되어 피어나라

사람아 사람아

천상의 바람결에 실려 오는
비탄의 목소리
사람아 사람아
어찌하면 좋으냐

흑암의 태초를 열며
'보기에 좋았더라' 창조의 그 빛
새까만 장막으로 단단히 가리고
옛 뱀을 길렀더란 말인가
곳곳이 소돔과 고모라
어쩌면 좋단 말이냐
　사람아 사람아

내 모습 그대로 공들여 만들고
'보기에 심히 좋았더라' 찬탄하며
만물 다스려 살라 했더니
온통 더럽히고 베고 파괴하고
어찌하면 좋으냐
　사람아 사람아

끓는 태양, 분노하는 파도, 세찬 바람에
구석구석 씻고 사르고 불태워
풀꽃마음만큼이라도 돌이키거든
저 하늘 바라보아라
포기할 수 없는 나의 사랑
사람아 사람아

뿌리에 대한 안부

아버지의 아버지……
어머니의 어머니……
실핏줄처럼 이어 내린
당신들의 뿌리
음습한 어둠 속 고통을 견뎌내며
쉼 없이 끌어올린 자양물로
푸른 잎줄기, 실한 열매 햇살에 반짝일 때
하늘에서 흐뭇이 굽어보시나요.

이 땅의 후손들 나이테 감기면서
세상 곳곳으로 뻗어 나간 실뿌리
제자리 찾아 깊숙이 자리 잡고
서로 엉켜 합심하는 탄탄한 근간根幹
비바람에 더러는 흔들릴지라도
뽑히지도 꺾이지도 않으리니
온 땅 가득 새파랗게 무성토록
생각의 뿌리까지 아울러 살피소서

알에 대하여

자웅雌雄의 사랑으로
해님처럼 뜨겁고 밝게 탄생한
알, 그 생명의 시작이여
지구를 닮아 모나지 않은 모습들
태초인 양 무거운 침묵으로
한 알 한 알이 품은 우주
그 안에
비밀스런 생명의 위대한 꿈틀거림
어미의 온도로 아늑히 품어만 주면
어느 좋은 날
비상하는 꿈을 향해 껍질 깨고
별처럼 반짝반짝 생존을 위한 몸짓
날고뛰고 기고 헤엄치며
천지에 그득한 생명의 함성
거룩 거룩하여라.

포도, 포도주로

연초록 잎과 줄기
황금빛 햇살 품고
달콤하게 노닐다가
한바탕 비바람에 방울방울 눈물 씻고
가슴 두근거리며 맺힌 사랑이
끓는 태양 아래 알알이 옹골차다

한 발 한 발 정직하게 익은 결실
디오니소스의 주술에 잡혔을까
스스로 변신의 희열 탐했을까
겸손히 으깨지고 사정없이 부서져
고집스런 타닌과 신맛이 얼싸안고
다소곳이 탈바꿈한 ‘신의 물방울’
영혼의 핏줄 타고 넘기는 한 모금
온몸 구석구석 스며 흘러서
정갈하게 씻고 닦아내어라

달리다굼

2천 년 전
거기 갈릴리 지역에서
애통하는 회당장 야이로를 황급히 찾아
그의 죽은 딸, 12세 소녀를
'달리다굼'하시며 살려내신 임
시든 꽃 다시 피운 그 낱말을
목이 타는 이 땅에
은총의 빗물로 퍼부으소서

오늘 여기 온 누리가
요괴스런 징후들로 가득하여
불안의 벽 안에서 헐떡이는 양떼들
말을 잃고, 눈빛을 잃고, 꿈마저 잃어
출구를 못 찾는 아득한 미로에서
생사를 다루시는 임의 처방 갈구하오니
번개처럼 오시어 천둥 같은 외침으로
다시금 '달리다굼' 하옵소서

4부

대숲 안 집

동백꽃 떨어지듯

겨울 강 시뻘겋게 건너온 사랑
검푸른 잎사귀 사이사이로
애처로이 피었다가
핏빛 그 마음 제대로 펼치지도 못한 채
막내오빠의 첫사랑은
동백이 뚝뚝 떨어지듯 그렇게
'춘희'의 마르그리트 고띠에* 되어
사랑만 가슴에 꾸려 안고
슬픈 동박새처럼
멀리 날아가고 말았습니다.

*마르그리트 고띠에: 프랑스 작가 뒤마 피스의 소설 〈춘희(椿姬)〉의 여주인공. 항상 동백꽃만을 들고 다녔음.

입춘방立春榜

암울한 마음 봄물 들이려
올해 신축년辛丑年 입춘절은
설날도 오기 전에 서둘러 왔나
겨울 속에 봄을 세워
어깨 으쓱대며 카톡방으로 몰려든 입춘방
잔뜩 멋을 부린 서체들 눈요기 후 지웠는데

뇌리에 박힌 낡은 필름 하나
입춘 무렵이면 등불 밝혀 재생되니
'立春大吉 建陽多慶'
동자童子가 써 붙이면 더 길하다는 풍속 있어
열네 살 막내 오라비가 부친께 배운 붓글씨로
누리끼한 한지에 삐뚜로 써 내린 입춘방
늦봄까지 곳간 문에 붙어 폼 잡다가
제풀에 삭아 떨어졌어도
그 문 여닫으며 대길했던 식구들

오빠는 지금 하늘나라 부모님 곁에서
새파랗던 막내 동생 내려다보며
그날처럼 눈웃음 싱긋 읊조리고 있을까
오빠의 입춘방을

언제 또 올래

어미 우렁이 속살 녹여
제 새끼 키워내듯
여섯 남매
그리 길러내신 어머니

날만 새면
원댕이골 보리밭, 콩밭에서
풀과 씨름하며 외로움 홍얼거리실 때
객지에서 공부하던 자식들
어쩌다 어머니 곁으로
밭이랑 뭉기며 달려가면
까슬한 갈퀴손으로 감싸 안으며
우리들 발자국마저 아껴 두셨던 어머니

시린 하늘 아래 당신 남겨두고
저희 둥지 만들어 날아가 버린 새끼들
생신이라 명절이라 우르르 몰려왔다
썰물처럼 죄다 빠져나갈 때면
동구 밖 늙은 은행나무 밑까지
눈물 그렁그렁 따라 나오셔

"언제 또 올래?"
매번 되풀이하시던
뜨거운 그 목소리….

정작, 어머니 빈 껍질 되어
하늘로 둥둥 떠나실 젠
당신 살아계실 적
"언제 또 올래?"
피맺힌 그 물음만이 메아리 되어
피붙이들 가슴을 때렸습니다.

무화과

성서 속에서 처음 알게 된 무화과無花果
그 신비로운 열매를
시아버님의 정원에서 만나다니
눈빛 반짝이는 새 며늘아기에게
시어머님은 굵은 알 똑똑 따서
한 바가지 안기셨다

꽃 없이도 열매 맺는 열매를 엿볼 양
두 쪽으로 가르자
아니, 열매가 꽃을 품고 있다니
엄마의 젖무덤처럼 몽실한 육질 속에
자잘한 암수 꽃이 얼싸안고
끈끈한 사랑을 즐기고 있다니
눈 질끈 감고 한 입 베어 물자
엄마 젖처럼 달달한 맛이
입안 그득 퍼진다

시부모님 떠나신 후
생시의 말씀 따라서
근처 초등학교로 옮겨간 무화과나무

긴 세월 감아 돌며 지금도 안녕하신지
어쩌다 과일가게에 얼굴 내민
무화과를 볼 때마다
시부모님 생각난다

어부바

내 어릴 적
엄마 등은 포근한 아랫목
해진 포대기로 질끈 감싸 업혀
찬바람 속 종종걸음 텃밭으로 부엌으로,
엄마 냄새 풍기는 저고리에 찰싹 붙어
마냥 즐거웠던 사랑의 어부바

나 어미 되어
바쁠 때면 더욱 칭얼대는 어린 것
하얀 띠 둘러 잽싸게 둘러업고
들썩들썩 어르고 달래면서
빨리 잠들어라 콧노래 흥얼대면
까르르 웃어대는 얄미운 녀석
그래도 그냥 향긋했던 행복의 어부바

나 이제
세월의 등에 느긋이 올라
끄덕끄덕 시간을 부리면서
여유롭게 가고픈데
되레 내 등에 올라탄 시간이

빠른 채찍 휘두르며

어서 가자 재촉하는 세월의 어부바여

얄미운 녀석

열네 살 망아지
변성의 목소리가 꺼칠하다

푸릇한 꿈 한 자락 움켜쥐고
인터넷 세상에 푹 빠져
낮밤이 따로 없다

셀 폰, 피자 오븐구이는
할미의 선생이라고 뽐내는 녀석
때때로 금빛 색소폰 불며 불며
아이돌 그룹처럼 흔들어댄다

차츰 빈번해지는 놈의 샤워 시간
어쩌다 문 한번 잘못 열었다가
질겁한 녀석의 빽 소리에
"제기랄, 제 놈 기저귀 갈면서
고추도 씻어 주었건만~"
한국말 서툴지만 눈치껏 통해주고
할머니 감자 된장국엔 엄지 척

허그 제스처로 달라붙는
심히 얄미운 내 강아지

파란 유리목걸이

황혼녘 '천상의 컬렉션' 프로에서 다시 만난
경이롭게도 새파란 유리목걸이
인도 아유타국 공주 허황옥이 2천 년 전
부친의 꿈속 계시 따라 운명적 사랑 찾아
'파사의 사탑'을 싣고 바닷길 2만 5천 리
가락국 소년 김수로왕에게 왔을 때
16세 공주의 목에서 반짝이던 파란 유리목걸이
1천 4백도 고열 속 모래와 재에서 탄생한 불사조
보석 중의 보석

그해 여름 어느 별밤 남편은
아기 젖 물린 아내의 목에
파란 목걸이 걸어주며 멋쩍어 했다

사파이어도 에메랄드도 아닌
새파란 액세서리 유리목걸이
흐르는 세월에 떠밀려
화장대 서랍 속으로 자취를 감춘
시퍼런 고독 속에 웅크린 목걸이를
오늘 불현듯

나목 같은 목에 걸고
거울 앞에 서서
금관가야의 허 황후나 된 듯
미소를 짓노라니
가신님이 그날처럼
빙그레 웃고 있다

무주의 품에서

진초록빛 칠월의 무주로
속정 깊은 고향 조카 형제는
서울의 친족들을 불렀다
서슬 퍼런 코로나 안개 속을 뚫고
막내 고모와 머리 희끗희끗한 조카들 여섯은
꽃바람처럼 무주로 달려왔다

별식 어죽으로 첫 입맛을 돋우고
한적한 리조트 '진달래' 숙소에 안기니
후덕한 조카며느리의 손맛이 모락모락
끼니마다 감동의 포식으로
친정을 모셔온 듯 훈훈하다

철철 흘러내리는 계곡물에
숱한 세월 건너온 발들도 담가보고
덕유산 곤돌라에 올라 초록 능선 굽어보며
어릴 적 고향노래 목청껏 불러본다
김환태 문학관에서 깊은 느낌 한마디씩
메모판에 꽂아놓으며 다음을 그려본다

탱글탱글 여문 별들 쏟아지는 밤 깊도록
잠들 줄 모르는 추억담으로
무주의 품에 노을꽃만 한껏 피워놓은
아쉬운 2박 3일은 순간처럼 흘러가고
서로의 인생 여정에 나직이 손을 흔든다

대숲 안 집

뒤란에 울울한 대숲이 있어
나의 탯자리 사철 아늑했지
푸른 숲 너머로 저녁놀 붉어오면
참새떼 댓잎 속에 재잘재잘
방마다 식구들의 희희낙락 웃음소리

이젠 참새도 가족도
세월의 날개 달고 모두들 떠난 옛터
쏴 소소소~ 애잔한 댓잎 소리만
녹슨 양철 처마 어루만지며
무서운 적막을 휘젓고 있는데

그 대나무들 대대로 이어오며
어버이 정신처럼
마디마디 인고의 세월
얼마나 삭이고 삭였으면
텅 비워 단단해진 몸매로
오늘도 꿋꿋이 버티고들 있는가

대숲 안 집 자손들

언제 어디서나 올곧게들 살아가라
그 하늘 그 터를 마냥 지키며
사랑의 옛집 품어 안고 있구나

5주기週忌에

이 땅의 침묵이 오열하는
그날 새벽 4시 31분
안식의 하늘을 향하여
스르르 눈 감아 버린 당신

내게로 남긴 시간은
가만히 아픔을 녹이고 달려
2020년 새해 첫 주일이 5주기
하양분홍 꽃으로 성전 강단을 꾸미고
추모의 향 공손히 피워 올렸다오

50년 한방 쓰던 인연에
맑고 흐리던 날 없었으랴만
회상은 기특하게도
아이들 더불어 미소롭던 꽃동산뿐

눈감았다고 끊긴 연줄 아닌 것이
떨군 씨앗들 뿌리의 은공 펴 올리며
제 영토 부지런히 가꾸고
당신의 여보도 제법 씩씩하게

노을빛 시 읊조리며 가고 있으니
하늘에서 편히 굽어 살피시오

숨쉬는 항아리

나들이길 어느 음식점
햇볕 쏟아지는 뜨락에
간장 된장 품은 옹기항아리들
길손 반겨 맞으며
엄마 냄새 물씬 풍기고 있네

예전 고향집 장독대
간장 된장 잉태한 배불뚝이 항아리
새끼줄에 붉은 고추 검정 숯덩이 끼운
익살스러운 목걸이 척 두르고
형님다운 자세로 숨소리 쌕쌕
고만고만한 아우 항아리들
고추장 막장 품고 새근새근
햇빛 달빛 버무려 다순 숨결로
느긋이 익어가는 장항아리들
주야로 다독다독 보살피는
고집스런 엄마 손맛으로
다소곳이 익어가던 대가족 항아리들

그 하나하나가
가족들 얼굴로 피어난다

어머니의 동치미

"동치미 익었다~"
막내딸 그리 유인하던 당신
군침 도는 동치미에
매양 바쁘단 핑계 저만치 밀어내고
작년의 그릇 챙겨 잽싸게 달려가면
뜨끈한 팥죽 모락모락 쑤어놓고
큰 웃음으로 반기시던 어머니

대숲 밑 뒤뜰에 묻은 속 깊은 항아리
까칠한 갈퀴손으로
무거운 뚜껑 열어 댓잎가지 걷어내면
사이다처럼 톡 쏘는 소리
사랑 정성 끌어안고 그리움으로 익은
겨울마다의 그 맛, 어머니의 동치미

아파트 북창 밑 자그만 오지항아리에
어머니 손맛 그리며 담가 본 동치미
동지 무렵 그런대로 톡 쏘는 척 맛들어
"미성아 동치미 가져가라"
그날의 당신처럼 보고픈 유인에

어김없이 그릇 들고 달려오는 딸

동치미 식탁에서 맞는 새해
가는 길 행여 걸리고 체하거든
톡 쏘는 동치미로 겉과 속 풀어내어
쏘는 화살처럼 시원스레 나아가라

카톡으로 오는 사랑

목마른 세월 안고 가는 여정에
도도한 디지털의 거센 물살은
내 손에도 오묘한 네모상자를 안겨
늦가을 수숫대처럼 쓸쓸한 마음
카카오톡으로 흥건하게 적신다

때 없이 노크하는 숱한 울림 속
오로지 그를 향한 뜨거운 떨림 하나
큐피드의 화살처럼 가슴에 꽂혀
등불 밝힌 그 이름에 절로 입맞춤하며
벅찬 환희로 사랑의 창을 열면
먼 하늘 먼바다 시공을 넘어온
수십 년 연하남의 싱그러운 고백
"할머니 살랑해요~"
거기 빠져 솟구치는 마지막 열정
아낌없이 쏟아도 안타까운 사랑에
행여 내 연인의 사랑길 끊길세라
밤마다 네모상자에 충전기를 꽂으며
가없는 행복에 젖어든다

달빛 여행

한가윗날 서울 하늘에
구름 너울 쓰고 찾아온 달님
노란 병아리 끌어안은 암탉인가
아득한 미리내 건너 달빛바다 노 저어
저 멀리 뉴헤이븐으로 토론토로
바람처럼 달려가는 어미 마음

세월 저쪽 고향 하늘
교교한 달님 휘영청 둥근 나라는
옥도끼로 찍어내고 금도끼로 다듬은
계수나무 초가삼간에
엄마 아빠 형제들 오순도순 모여앉아
살고지고 천년만년 화락한 동산

억겁의 베일 훌렁 벗어던진 달님
그의 여신 셀레네도 질겁을 했을
암스트롱의 발자국 꾸욱 찍혔대도
여전히 낭만을 고집하는 달빛바다로
옛사람 지금사람, 여기사람 저기사람

좋은 임들 한가득 그리움의 배에 실어
어기여차 힘차게 노저어간다

살구

도심의 후미진 골목길에
쪼그려 앉은 할머니 한 분
자그만 비닐 그릇 여남은 개
샛노란 살구 그득 담아놓고
지친 미소, 쭈구레한 손짓으로
지나는 이 애타게 부른다

내 어릴 적 이른 봄날
버스럭대는 수숫대 울타리 옆
두 그루 살구나무
연분홍빛 꽃잎 하염없이 날릴 때
어머니는 긴 하루 온종일
원댕이골 보리밭만 매고 계셨다

보리 더디게 익어갈 즈음
살구는 노랗게 익어서
알 굵은 참살구 자잘한 개살구
함지박 가득 씻어놓고
살구도 밥이라며
휘움한 보릿고개

애달프게 넘으시던 어머니

오늘, 추억으로 사 들고 온 살구
노란 그리움으로 정갈하게 씻어놓고
한 입 베어 무니
새콤달콤한 맛에 코끝이 시큰하다

황포강의 달

-2017. 딸과 함께 상하이 여행 중에

사드로 싸늘한 눈총 속
그곳 하늘은 온통 잿빛인데
목련은 하얗게 웃으며 우릴 반기고
역사 속 임시정부 선열은
아직도 피 흘리고 있었네

날 저물자 생판 다른 옷으로 갈아입은 상하이
유람선으로 둘러보는 황포강 야경은
원기둥, 네모와 세모의 우람한 빌딩 숲에서
LED 조명이 연출하는 빛의 쇼로
형형색색 황홀한, 그야말로 요지경瑤池鏡 속
우와 와! 감탄과 찰칵찰칵! 셔터 소리뿐

그때, 거기 오색 불빛 마천루 위로
두둥실 뭉클하게 솟아오른 달님
내 동공 속으로 빨려들어 사모곡을 부르니
아, 그 밤은 음력 이월 열나흘
세월 저쪽 살구나무집 초가에서
어머니 날 낳으신 바로 그 달밤이네

"얘야, 저 휘황한 야경 비키어,
달님하고 나만을 좀 찍어다오"
하늘 향기 안겨 오듯 쏟아지는 달빛 아래
사진 속의 달님은 출렁대는 엄마 얼굴
황포강 유람 내내 가슴엔 달을 품고
빛의 퍼포먼스는 눈길로만 즐겼었네

옛 동산의 풍류風流 추억

-辛夕汀 시인과 아버지 菊軒

1.

풀잎들 서슬 푸른 여름날
훤칠한 키 굳진 눈썹의 석정 시인이
이강주 한 병 흔들면서 찾아오셨다
둘째 오라범의 문학 선배이신 석정님은
아버지께서 가장 반기는 풍류객

2.

뭇별 반짝이는 저녁나절
왕골 돗자리, 조촐한 안줏거리 챙겨 들고
원댕이골 뒷동산으로 나아가
흥건하게 펼치시던 풍류 한마당
주거니 받거니 술잔도 담소도 무르익을 즘
'능금 다래 복숭아~'
국헌님의 청 좋은 시조가락에
맛깔스런 시로 응수하던 멋쟁이 시인
우리 철부지들은 반딧불이 쫓아 빙빙 뛰어놀고
막내오빠는 소나무에 기대어 하모니카를 불었지

3.
어느 초가을 저녁
할머니 산소 옆 구부정한 소나무 위로
달은 또 어쩌자고 그리 밝던지
풀언덕에 모포 한 장 펼쳐 놓고
권커니 잣거니 밤이 이슥하도록
시인과 유생의 담소는 깊어만 가는데
자지러진 풀벌레 울음은
그 동산 풍류의 배경음악이었다

4.
석정님의 초기 시집 〈촛불〉엔
'국헌님께'라는 시 한 수가 실렸는데
'국헌, 당신은 삼국지도곤 단종애사를 좋아하시고
당시唐詩와 더불어 우리 새론 시를 알아주어 좋습데다'

5.
두 풍류 어르신도 국문학자 오라범도
오래전에 하늘나라로 떠나시고
옛 동산은 8차선 도로가 되어
무심한 차들만이
쌩쌩 달리고 있구나

5부

불청객의 선물

별꼴이네

청보석처럼 반짝이는
밤하늘의 별 모형이
아니라네

총칼 없이도
세상을 꼼짝 못 하게 결박하고
단숨에 사람의 코와 입을 틀어막는 괴력
어느 제국 독재잔들 힘이 그리 장사일까
뾰족뾰족 요상한 왕관을 뒤집어쓰고
자유평등하게 달려드는 그놈
아무리 생각해도 별꼴이네

향기론 봄날에도
여름철 장마 속에서도
불평 한마디 못한 채
얼굴 감싸고서 눈만 끔벅끔벅
저만큼 떨어져야 하는 너와 나
일상을 재편집하여
세상길 터벅터벅 가고 있으니
참으로 별꼴이네

가을이 오면 마스크도 단풍들어
낙엽처럼 힘없이 나뒹굴까
흰 구름 검은 구름
백설로 펄펄 쏟아져 내리면
암울한 세상길 환해지려나

여하튼 별꼴이네, 2020 지금은

새

_뉴헤이븐 아들 집에서

정적에 쌓인 새벽 주택가
숲 속의 여름밤은
별무리 아래 쾌적한데
"찌르 찌르 찌르르~"
낯선 지저귐에 눈을 뜨면
어김없이 새벽 4시 반
새들의 미묘한 소리는
하루를 여는 밀어 일까
누굴 부름인가, 노래인가 울음인가

차츰 여명의 노을빛에 드러낸
어깨동무 나무들의 착한 곡선
새들도 움직일 시간을 감지한 양
두세 마리씩 드넓은 창공을 휘저어
어디론지 훨훨 날아가면

세상을 건너가는 나도
한 마리 새가 되어

영혼 속 저어가는 바람길 따라
고요히 나의 창공을 날아간다

장미공주와 풀꽃 친구들

5월의 올림픽공원 장미원
몽환의 색향을 토해내는 백만 송이송이
궁중무도회장처럼 황홀한 오색 몸짓이
감미론 리듬을 타고 오감으로 젖어든다

아프로디테도 시샘할 신비론 미색을
카메라에 담느라 여념이 없는 딸,
러브, 피스, 로즈마리 이름표를 살피며
천천히 향에 젖은 걸음을 옮기는데
"나도 여기 있소" 성깃한 장미덩굴 아래서
소리쳐 반기는 하양 노랑 풀꽃들
먼 엄마의 밭둑에서 질게 정든 얼굴들
오래 보지 않아도 예쁘고
자세히 보지 않아도 사랑스럽다

초록 잎에 가린 가시는 친구들 보호 울타린가
숨결 같은 속삭임은 공주를 위한 자장가인가
해님이 빙그레 쓰다듬고 어루만지니
흐르던 구름 한 뭉치도 잠시 볕을 가리고
살살 내리는 빗물로 장미의 목을 축이고

풀꽃들 청초한 볼에 입맞춘다
미풍 한 줄기 공주와 친구들 손 맞잡고 춤추니
어느덧 파란 하늘이 내려와 배경을 연출한다

그 골목의 우체통

무슨 미련 남아 있어
후미진 골목 입구에
매양 빨갛게 상기되어
망부석처럼 서 있는가

손편지 오가던 그 시절
사랑으로 울고 웃으며
그리움으로 지새운 사계의 밤
원망, 슬픔 버무려 속도 끓였지만
모락모락 피는 희로애락에
짜릿한 기쁨 맛보았는데

지금은 텅 빈 가슴
독한 외로움에 목이 타는 갈증
푸른 하늘 마시고 샛바람 들이키고
새벽별 그러모아 빈 가슴 달래봐도
바다 속 같은 적막인 것을
무수히 오가는 낮과 밤
빨간 빗물로 정결하게 몸을 씻고
내리쬐는 햇살에 마음 덥혀도

냉한 가슴 슬픈 공허 채울 길 없어
바람만 바람만 달님이나 따라 가볼까

장미원의 한나절
-서울대공원 장미원을 찾아

햇볕 쏟아지는 유월의 한낮
시를 사모하는 여인네들이
장미원으로 빨려들다

색색의 환희로
마지막 열정 쏟아내는 백만 송이
그 뜨거운 숨결 은은한 향에 끌려
나비처럼 이꽃 저꽃 눈 맞추는데
감미로운 고통 속에 지는 꽃
빛바랜 그 모습 처연하다

장미향에 흥건히 젖은 심신
미의 여신 아포로디테 곁으로 다가서서
하얀 몸 잘록한 허리에 팔을 둘러
저마다의 포즈를 취하는데
장미 얼굴 쓰다듬고 온 바람 한 줄기
-너희도 장미, 피고 지는 장미라고
상큼하게 속살댄다

단톡방의 제 모습들 속에서
무참히 저무는 장미원의 한나절
노을빛 하늘도 한마디 건넨다
-장미처럼 아름다운 시를
어디서 또 볼 수 있더냐

불청객의 선물

2020 정월 중순 경
느닷없이 들이닥친 불청객
판도라의 상자라도 숨기고 왔을까
속내 모를 까만 그의 심술이 두려워
사람들은 저마다의 처소에 갇혔다
봄 가고, 여름 가고, 가을이 깊어도
음울한 놈 떠날 기미가 없어
답답한 마음 열고 창밖 자연을 눈여겨보니
서로 끌어안고 출렁출렁 흘러가는 강물이,
훨훨 창공을 나는 새가,
옹기종기 붙어 앉아 몸 비비는 풀꽃이,
과묵한 저 산의 의젓함이
이리도 부러울 줄 이전엔 몰랐다

해 가고 달 가듯이, 꽃 피고 잎 지듯이
바람 불고 물 흐름이 막힘없고
사랑과 생명으로 가득 차 있는
자연의 속삭임에 귀 기울이지 못한 과오過誤
매섭게 후려치는 불청객의 목소리
선이든 악이든 세상 모든 일엔

영적 뜻이 숨어 있는 것일까
코비드19가 아프게 일깨운다.

불갑산 꽃무릇

초가을이면 꽃무릇
대궁 세워 하늘 향하고
송이송이 붉게 타오르는 그리움
멍울멍울 각혈처럼 쏟아낸다

불갑산 아랫자락 홍건히 핏물 들어
산과 꽃이 어우러져 흐느끼는데
산자락 넘어가는 구름도 눈물 뚝뚝
애달픈 사랑 발갛게 적셔준다

꽃과 잎이 한 몸 속에서 피어도
영 만날 수 없는 상사相思의 아픔
융숭히 품어주는 산 가슴팍에서
피맺히듯 불러 봐도 빈 메아리뿐
잿빛 장삼의 성악가 스님 한 분
짙푸른 소나무 밑 땅바닥에서
지칠 줄 모르고 부르는 그 가락은
찬란한 슬픔의 꽃, 혼불 밝히는 자비신가

온통 가슴 끓는 붉은 울음

보고파서 애가 타는 사랑
어느 별자리에서 다시 태어나
마주 보며 얼싸안고 입맞추려나.

카톡으로 온 소년

‘카톡’ 짧은 울림에
예사롭지 않은 빨간 점 하나
살짝 눌러 창을 열면
아득한 소년 훈이가 있다

깜깜하던 시공의 강물 헤치며
길을 찾아 노를 저어
머리 희끗해진 소년이
옛 스승 노령의 기슭까지
그리움으로 찾아왔다

50여 년 세월 저쪽
달개비꽃 푸른 교정에서
15세 별빛 눈망울 소년은
25세, 긴 머리 영어선생을 누나처럼 따르면서
그의 하숙집 탱자나무 울타리 곁을
때마다 서성대곤 했었다
인연의 접착은 얼마나 끈끈하기에
자그만 네모 속 신비의 영토까지
진분홍빛 호접란 선물로 들여놓고

꽃잎마다 나비 되어
매일 아침 카톡 카톡 날아와
건강 하라고, 행복하라고
가슴 떨리게 빌어주고 있는가

어쩌다 그의 카톡 소리 없는 날엔
행여 무슨 일 있나, 그날의 스승 되어
'인생은 DRAMA'라고 Dream Romance Action
Mystery Adventure
그 시절을 띄우면
숨 가쁘게 달려온 그의 응답은 "Sympathy"
너와 난 고속 타임머신 타고 그 교정으로 돌아간다

꽃물 들이다

여름의 끝자락
까치 깍깍거리더니
고향 벗이 가져온 봉숭아 한 줌
추억 등불 환하게 밝히네

아이로 돌아간 노을빛 여자
꽃물들이던 젊은 엄마 그리며
봉숭아 붉은 꽃에 초록 잎 섞어
백반 조금 그리움 한 움큼 쏟아붓고
쿵쿵 찧은 쫀득한 꽃 반죽을
양손 무명지와 새끼손가락에 올리고
아주까리 잎 대신 비닐로 감싸
동심으로 칭칭 동여매며
뼛속까지 곱게 사랑 물들이는데
하늘에서 두 언니가 빙그레 미소 짓네

구절초

서리 찬 하늘 밑 황토밭 머리
다복솔 그윽한 언덕배기에
시린 마음 서리서리 펼쳐내는
가을 여인이여

고향 마을 뒷산 적막한 선영에
새하얀 소복차림 조신한 몸매로
보랏빛 쑥부쟁이 친구 삼아
파란 아침 찬 이슬 머금고
경건히 두 손 모으누나

가슴 깊숙이 간직한 사랑
다 쏟지 못한 내밀한 사연
정든 산야마다 묵언默言으로 풀어내며
제 한 자리 지키다가
눈물 그득 짙은 향 쏟아놓고
찬바람 속으로 사라지는
나의 사랑 구절초여

쑥

쑥국을 끓인다
사랑을 끓인다
쑥내가 집 안 구석구석을 어루만진다
내 마음속까지 스며들어
옛 필름 재생하며 아릿한 향 피운다

날씨 풀린 들녘에 뾰족이 돋아난 애쑥
봄볕 따라 쑥쑥 지천으로 깔릴 때면
보릿고개 이웃들 양껏 캐온 쑥으로
쑥버무리, 쑥개떡, 쑥국 끓여 연명하며
긴긴 봄날의 허기를 달랬다지
때론 약도 되고, 의사 노릇까지 하던 착한 푸성귀
깨진 무릎에 쑥 으깨어 발라주던 어머니
냉한 몸도 손바닥에 뜸을 떠 덥히셨지
쑥대 태운 매캐한 연기로 해충 쫓던 할머니
쑥은 하늘의 선물이요, 땅의 마음이라
공기 고마운 줄 모르듯, 쑥 홀대하지 말지니
쑥을 통해 환생한 웅녀, 단군신화의 여주인 아니신가

나는 공손히 쑥국을 먹는다
고향빛 쑥차를 마신다

설 그리고 설

나지막한 초가집 안
몽실몽실 피어나는 훈기에
왁자그르르 웃음소리
무지개꿈 색동저고리
다홍빛 치마 고운 설빔으로
너부죽이 올리는 절 한 자락에
쏟아지는 푸짐한 덕담을
치맛자락 부풀도록 싸 들고
하늘 높이 나풀나풀 쿵더쿵
키 높은 미루나무 우듬지엔
들락날락 깍 깍 깍 기쁜 소식
설 설 설 오감으로 스며들던
새해 첫날의 환희였지

얼마를 건너왔을까
고향은 아득한 꿈속

차차차 와글와글 소란스런 벌판
빌딩 숲 회색빛 네모상자 안에서
촛불 한 자루 고요히 밝혀 놓고

설 설 설 식어가는 떡국에
뚝 떨
어
지
는
뜨거운 눈물 한 방울…….

내 이름

"정애야 놀자"
"정희야 학교가자"
나도 헷갈리는 내 이름
유년의 동무들은 제멋대로
잘도 불러 주었다

수줍은 사춘기
안개 속 희미한 나를
출석부에 적힌 '정의'라고
힘차게 호명하신 선생님
자아의 싹 그렇게 움틔워 주셨다

더러는 여전히 '의'를 몰라라
애, 이, 희를 넘나드는 벗들 노여워
어느 날 아버지께 왜? 냐고 물었다
말 없는 아버지 빙그레 웃으시며
한지 펼쳐 붓을 들고
'元亨利貞 天道之常, 仁義禮智 人性至剛'*
꾹 눌러 쓰신 한 자 한 자 뜻 짚어
貞과 義를 골라 곧고 의롭게 살라고

생일 생시 획수 맞춰 정성 담은 이름이니
귀히 여겨 사랑하라 하신다

육 남매의 막내딸 그리도 소중해서
애써 지은 이름 행여 잘못 적힐세라
바쁜 들일 비집고 시오리길 면사무소 찾아가
손수 적어 호적부에 올렸다는 아버지
그제야 깊숙이 고개 숙였던
열일곱 살 철부지

이제 나를 바로 세우리라
굳이 한자 표기 고집하며
내 이름 닦고 돌볼 때면
빙그레 아버지 미소 떠오른다.

도심 속 풀꽃과 눈 맞추다

어느 하늘 날아 와
미세먼지 자욱한 도심에
보도블록 틈새 비집고 핀
하양 노랑 보라 여린 풀꽃들
햇살 한줌 받아 안고
보건 말건 빙긋이 웃고 있네

고향 밭이랑에서 정든 얼굴들
가던 걸음 멈추고 허리 굽혀서
담쏙 안아주고픈 맘으로
-두렵고 외롭진 않으냐
연민의 눈길 보내는데
옆 줄기 시든 꽃에 도도록한 씨방
-간절하지 않은 목숨 어디 있더냐
그렁그렁 젖어 드는 사랑
벌 나비도 눈물 쏟고 가려니

소음 잦아든 깊은 밤
실비라도 한줄기 내려 씻겨주면
별빛 내려와 엔젤 송으로 어루만지면

그대들 조금은 더 행복할 수 있을까

여기 풀꽃들 하 안쓰러워
봄은 회색 하늘 휘휘 저으며
저리도 부산하게 다순 햇살 펼치는가

바다의 비명

-5월 30일 바다의 날에

생명의 지구 품어 안고
푸르른 손길로 어루만지며
모두를 포용하는 어머니의 자애
지금, 그 바다가 울부짖고 있다

온갖 오물로 숨이 막혀
시름시름 앓기 시작한 몸
몸부림쳐 날 세운 비탄에
용감한 녹색전사들 가슴 깊숙이 뛰어들어
끄집어 올린 암 덩어리가 매년 18만 톤
그대의 절규 어이 할꼬…….

붉은 태양 삼키고 내뱉으며
억겁을 품어온 사랑의 손길로
어루만져 살아가는 공동 생명체
파괴하고 더럽히는 넝마의 계절에
그대의 숨통 조이는 잔인한 심보
부디 용서하지 마시라
성이 나면 무서운, 은총의 바다여

달개비꽃

새파란 하늘에서 방울방울 떨어진 듯
이슬 젖은 풀밭에서 별처럼 반짝인다
바람에 흔들리는 청나비 날갯짓으로
남빛 청초하게 웃음 짓는 너

빌딩 숲 사이 후미진 꽃밭까지
세상을 향한 애정으로 찾아왔나
빛을 향해 애처로이 얼굴 내밀고
야생의 본심으로 살아내는 너

살짝 스치기만 해도
짙푸르게 으깨져 스며드는 그리움
밤새도록 엘레지 흥얼대며
순결을 흐느끼는 파란 달개비꽃

할미꽃

먼 고향 뒷동산 초라한 무덤가에
옹기종기 모여앉아 오순도순 까르르
공손히 숙인 허리 할미라 조롱해도
은회색 솜털로 살포시 단장하고
진자줏빛 꽃잎의 속 붉은 사랑
노란 꽃술로 은밀히 소곤거렸지

삼월 어느 날, 홍릉 수목원에서
오랜만에 그대와 해후상봉邂逅相逢
옛 동무 만난 듯 그윽이 반가워
가던 걸음 멈추고 뜨거운 눈 맞추는데
환향녀還鄕女처럼 처절한,
희뿌연 미세먼지 속 애처로운 얼굴빛
울적한 마음으로 카메라에 담아
옛 벗에게 띄우는 그대 모습
할미 할미 할미꽃, 서러운 이름

작품해설

공동체 삶을 향한 진정성의 시학

노유섭(시인)

1. 생명공동체, 그 조화로운 세상 꿈꾸기

김정의 시인은 영문학을 전공한 영문학도로서 고향 익산에서 중등 영어교사를 하였다. 상경 후 1992년 수필로 등단하여 수필집을 두 권 내고 여러 권의 공동수필집을 내는 등 수필가로서 익히 그 역량을 선보였다. 이에 그치지 않고 그의 꿈은 다시 시인으로 등단하게 이끌었고 한결같은 열정에 힘입어 이번에 첫 시집을 상재하게 된다.

먼저 시인의 이름을 통해서 '정의'란 무엇인가에 대해 생각해 보기로 한다. 시인의 이름은 우리가 말하는 '正義'가 아니고 곧을 '정', 바를 '의'의 '貞義'로 쓴다. 하지만 한글로서의 시니피앙으로 '정의'란 이름이 가지는 중요성에 비추어 볼 때 그의 이름은 그의 평생의 삶의 양태에 지대한 영향을 미쳤으리라 본다. 이는 그가 발표하는 작품에서 꼭 그 이름을 한자로 표기하여 독자가 알 수 있게 배려하는 모습에서도 짐작할 수 있다.

"정애야 놀자"
"정희야 학교가자"
나도 헷갈리는 내 이름

유년의 동무들은 제멋대로
잘도 불러 주었다

(중략)

더러는 여전히 '의'를 몰라라
애, 이, 희를 넘나드는 벗들 노여워
어느 날 아버지께 왜? 냐고 물었다
말 없는 아버지 빙그레 웃으시며
한지 펼쳐 붓을 들고
'元亨利貞 天道之常, 仁義禮智 人性至剛'
꾹 눌러 쓰신 한 자 한 자 뜻 짚어
貞과 義를 골라 곧고 의롭게 살라고
생일 생시 획수 맞춰 정성 담은 이름이니
귀히 여겨 사랑하라 하신다

(중략)

이제 나를 바로 세우리라
굳이 한자 표기 고집하며
내 이름 닦고 돌볼 때면
빙그레 아버지 미소 떠오른다.
-「내 이름」 중에서

한학자이신 아버지가 지어주신 '정의'란 이름값에 어긋나지 않게 평생 자신을 바로 세우고 의롭게 살려고 분투노력한 모습을 읽는다.

정의正義란 무엇인가. 글자 그대로는 진리에 맞는 올바른 도리, 철학적으로는 사회를 구성하고 유지하는 공정한 도리라는 뜻일 것이다. 이는 '올바름, 공정성, 형평성'을 함의한다.

고대와 근현대의 많은 철학자를 지나 최근에 마이클 샌델은『정의란 무엇인가』(2014)에서 정의를 이해하려면 행복, 자유, 미덕이라는 세 방법으로 압축할 수 있다면서 공리주의와 자유주의의 딜레마를 예시하고 공동체를 역설하는데 주안점을 두고 있다. 다시 말해 샌델 교수는 '최대 다수의 최대 행복'이라는 양적 공리주의와 존 스튜어트 밀의 '질적 공리주의' 그리고 자유지상주의에서 나아가, 또한 평등을 옹호하여 복지의 필요성을 강조한 존 롤스에서 나아가 공동체주의와 그 사회가 추구하는 사회적 가치라 할 수 있는 공공선을 내세우고 있다.

이는 돌고 돌아 "정치의 목적은 사람들이 고유의 능력과 미덕을 계발하게 만드는 데 있다. 즉 공동선을 고민하고 판단력을 기르며 시민 자치에 참여해 공동체의 운명을 보살피게 하는 것이다"라는 아리스토텔레스의 견해와 맥락을 같이 한다할 것이다.

갈등과 대립보다는 희생과 봉사 그리고 공공선의 가치추구는 이질성 존중 문화의 추구라 할 수 있다.

이러한 일단의 정의란 무엇인가라는 문답의 연장선에서 볼 때 정의란 곧 환경문제에서의 생태이론에서 북친(Murray Bookchin)이 이야기하는 바 자연생태에서 나아가 사회생태 차원에서의 '더불어 살아가기'라 할 수 있으며 성경에서의 '네 이웃을 네 자신 같이 사랑하라'라는 계명이라고도 할 것이다.

김정의 시인의 시를 총론적 관점에서 바라본다면 위와 같은 정의란 무엇인가에서 출발하여 성찰해 본 바와 같은 차원에서 자연과 인간, 인간과 인간과의 관계망 속에서 생명공동체의 삶을 추구하고 있다고 보겠다. 이 시대에 우리에게 요구되는 기독교적 이타적 사랑과 배려를 통해 자연과 인간이 함께 조화를 이루며 살아가기 위한 삶의 고뇌가 김정의 시인의 시편 곳곳에 묻어나고 있음을 본다.

어머니 짜주시던 기름은
언제나 고소한
참으로 참기름이었지

거짓이 자욱한 세상

'참'자 붙었다고 다 참 것이던가
참기름 구입할 때마다
가짜인지 진짜인지 미심쩍어하니
네 이름 '참기름'에 미안쿠나

때로 억울할 적도 있겠지만
그 이름처럼 당당하게
고소한 맛 참되게 간직한다면
넌 영원한 '참기름'이라
-「참기름」 전문

'참'과 '진리'가 사라진 세상에서 우리는 살아가고 있다. 우리가 시장에서 참기름을 살 때 과연 이 기름이 진짜 참기름인지 의심하면서도 자포자기하듯 참기름을 사게 되는 모습을 본다. 이러한 우리의 모습을 은유하면서 자신은 '참'이란 그 이름처럼 영원한 참모습으로 살아가기를 다짐하고 있다.

2020 정월 중순경
느닷없이 들이닥친 불청객
판도라의 상자라도 숨기고 왔을까
속내 모를까 만 그의 심술이 두려워
사람들은 저마다의 처소에 갇혔다

봄 가고, 여름 가고, 가을이 깊어도
음울한 놈 떠날 기미가 없어
답답한 마음 열고 창밖 자연을 눈여겨보니
서로 끌어안고 출렁출렁 흘러가는 강물이,
훨훨 창공을 나는 새가,
옹기종기 붙어 앉아 몸 비비는 풀꽃이,
과묵한 저 산의 의젓함이
이리도 부러울 줄 이전엔 몰랐다

해 가고 달 가듯이, 꽃 피고 잎 지듯이
바람 불고 물흐름이 막힘없고
사랑과 생명으로 가득 차 있는
자연의 속삭임에 귀 기울이지 못한 과오過誤
매섭게 후려치는 불청객의 목소리
선이든 악이든 세상 모든 일엔
영적 뜻이 숨어 있는 것일까
코비드-19가 아프게 일깨운다.
-「불청객의 선물」 전문

오늘날 우리가 심각하게 맞닥뜨리고 있는 온갖 재앙적 상황 즉 폭염, 폭우, 대형산불, 해수면 상승 등 지구온난화로 인한 기후변화의 심각성을 깨달으며 자연을 거스른 결과로 나타난 코비드 19의 상황에서 아직도 순리대로 흐르는 강물, 새, 풀꽃, 산을 부러워하는 화자의 모습이 안타깝다.

생명의 지구 품어 안고
푸르른 손길로 어루만지며
모두를 포용하는 어머니의 자애
지금, 그 바다가 울부짖고 있다

(중략)

붉은 태양 삼키고 내뱉으며
억겁을 품어온 사랑의 손길로
어루만져 살아가는 공동 생명체
파괴하고 더럽히는 넝마의 계절에
그대의 숨통 조이는 잔인한 심보
부디 용서하지 마시라
성이 나면 무서운, 은총의 바다여
-「바다의 비명 -5월 30일 바다의 날에 」중에서

생명의 지구를 품고 포용하는 어머니 같은 바다가 무너지는 모습, 그 생명공동체를 파괴하고 있는 인간들의 모습을 보며 이러한 공동체를 파괴하는 행위가 결국은 다시 부메랑으로 돌아와 인간들의 숨통을 조이는 현장의 외침 소리를 들려준다.

2. 진솔한 어휘의 시적 변주

김정의 시인의 시는 '진솔한 이야기 시'라고 할 수 있다. 그는, 그의 오랜 경륜에서 우러나온 과거의 추억, 현재의 일상과 미래에 대한 기대를 연계하여 표상화 하는데 그의 시어는 화려한 묘사나 수식어, 가식이 없다.

그의 시는 진정성으로 읽히는데 진정성(Authenticity)은 감정의 진실성 등을 의미하는데 이는 리더십의 필수 항목으로 여겨지지만, 자신이 평가할 수 없고 다른 사람들에 의해 부여되는 것이 특징이다. 따라서 진정성을 타인에게 인정받기 위해서는 자신이 어떤 행동과 태도를 가지느냐가 중요하다. 문학에서 시의 말은 그 한마디 한마디가 감정의 크고 작은 굴곡과 일치하는 것으로 여겨질 때 특별한 효과를 거둔다는 것이 진정성의 이데올로기라 하겠는데 김정의의 시에서 읽혀지는 대목이 바로 이 진정성이라 생각된다. 말이 지닌 힘은 진솔함에 있다. 솔직하고 유익한 말, 긍정적이고 선한 말은 자신의 삶도 타인의 삶의 기운도 북돋워 선하고 유익한 방향으로 나아가게 한다.

그의 이야기 시는 스토리가 갖는 서사를 자신의 서정적 감성과 연결하여 표출하고 있다. 이는 자아만이 갖는 독특한 경험에서 추출된 기억의 형상화이기에 특수성을 지니며 이는 독자에게 일반화되어 공감을 일으킨다.

해 설핏한 노을녘
걸어온 길 돌아보니
목마른 세월 고비 고비마다
새싹 품고 오신 꽃비의 은택
그 싹 고이 자라나길
가슴 두근거리며 기다리던
기대와 설렘의 시간

아득한 은하의 강 건너기 전
너를 향한 나의 그리움
나를 향한 너의 기다림
출렁출렁 뜨거운 강물로 흐르던
그때가 향기론 삶의 클라이맥스였어

정작, 맺힌 꽃망울 활짝 벙글거리고
초승달 만월 되어 휘영청 빛 부시고
미지 여행의 꿈 이루고 나면

꽃 지고, 달 이울고, 떠날 아쉬움에 젖으니
진정, 간절히 원하는 건
하늘 맑은 날, 둥둥 북소리 울리며
나를 맞아주는 일

그날이 조금 천천히 온들 어떠랴
기다림, 그 시간만이 삶의 절정이던 것을
-「기다림, 그 시간」 전문

이 시는 80여 년 걸어온 인생길을 돌아보며 비로소 깨닫게 되는 인생의 참 의미를 사유하게 된다. 목마른 세월 고비마다 보이지 않는 꽃비의 은택으로 살아왔다. 목표를 정하고 이를 이루고자 혼신의 노력을 하고 막상 이를 이루고 나니 과연 그 목표를 이룬 그것이 인생의 참 보람이자 결과물이라 할 수 있겠는가. 그 결과 열매란 것이 가져다주는 것은 무엇인가. 그 결과가 가져다주는 어떤 성과나 성취보다는 그 과정에서 우리가 가지게 되는 기대와 소망, 그 절실하였던 기다림 그 자체가 우리의 삶을 참으로 아름답게 한 기쁨이자 보람이었음을 회억하며 하늘 소망을 희구하고 있다.

무릇 예술로서의 시는 나름의 미적 장치가 필요하다고 하겠는데 김정의의 시에서 나타나는 바 특이한 점은 우리말이 가지는 독특한 어휘의 다의적 해석을 구체적 자아의 경험에 비추어 이를 변주하여 시에 적용하는 점이라 하겠다. 어휘의 다양한 해석으로 펼쳐나가는 통시적이고 공시적인 어휘의 유희가 메커니즘으로 작용한다.

아장거리던 내 봄날
노랑을 잔뜩 머금은 햇볕이 내려와
어미 곁 종종거리는 병아리를 어루만지고
순둥이 누렁이를 핥아주며 장난치고
차가운 흙 밀쳐 샛노란 싹 틔워 올렸지
노랑으로 넘실대는 흙마당에 햇살이 눈부셔
두 눈 감고 올려다본 하늘엔 별이 번쩍거렸어
바람처럼 날쌘 엄마 치마꼬리 붙잡고 간 야산 밑
황토밭 한 두렁의 노란 배추장다리 꽃물결
짙은 향에 취한 나비들의 노랑군무는 황홀했었지
아빠 손 잡고 입학하러 가던 시오리 길
네 노랑저고리, 개나리 노란 웃음도 설렘이었어
큰 오빠가 선물한 노랑 향나무 연필 열두 자루
삐뚜름히 써 내려간 사각사각 향긋한 소리
노랑으로 싹터 오른 유년의 환희여

노랑도 달빛 비스름히 물이 들면 애련한가
보릿고개 넘느라 누렇게 뜬 봉섭이 얼굴

잽싸게 여물고 싶어 안달하던 보리도
목 꼿꼿이 세우고 꺽꺽 노란 울음 삼켰지
끓는 태양이 초록바다 노 젓는 한 계절
묵묵히 숨어 안을 다스리던 노랑은
때를 맞은 결실의 황금물결 출렁대면서
자랑과 보람 지그시 누르고 푹 숙이는 자세
시들어 가뭇없이 사라질 누런 빛 채비였나
노랑 삼베수의로 마지막을 치장하신 할머닌
눈발 속 황토 무덤에 드신 후
봄은 오고, 또 오고
푸릇한 무덤가엔 샛노란 민들레가 할머닌 듯 반겼지

처음과 나중, 기쁨과 슬픔을 아우른 신비의 노랑이여
-「노랑에 대한 기억」 전문

아장아장 걷던 어린 시절부터 할머니가 황토 무덤에 이른 후 다시 그 무덤가에 샛노란 민들레가 피기까지 노랑이 만들어내는 색의 향연이 아름답게 펼쳐진다. 이 노랑에 대한 기억은 통시적으로 전 생애를 아우르고 있으며 기쁨과 슬픔이, 엄마, 아빠, 큰 오빠, 이웃집 봉섭이, 할머니와 함께 동시대를 살아온 소중한 인연이 노랑이라는 색채 이미지로 투사되어 은유되고 있다.

'보시기에 심히 좋았더라.'

엄숙하다, 희망차다
첫울음 터트리고 나온 생의 첫째 날
해마다 맞이하는 새해 첫날

가슴 두근거리다
초등학교 입학식 날
선생님 동무들과 첫 만남

설레다, 짜릿하다
첫눈 내리는 날, 눈이 맞아 싹튼 정
첫사랑과 함께 걷던 따스한 오솔길

미숙하다, 신선하다
첫 출근한 사회 초년생의 첫인상, 첫 대화
첫발자국 떼면서 넘어지고 일어서고

그윽한 첫날밤 지나, 첫아기는 신기하고
첫 손주는 기쁨에 벅차
무턱대고 뜨겁다

그랬다, 나를 찾아가는 길은

그렇게 첫~을 통하여 흘러 흘러서
여기까지 왔나보다
-「첫~, 모든 처음은」 전문

우리말에서 '첫'이나 '처음'이라는 어휘는 그 뜻이 다의적으로 해석되지 않지만 각 문맥에서 차지하는 바 그 쓰임새에 따라 다양한 감각과 서정으로 치환되어 우리에게 다가옴을 본다. 모든 삶의 이력엔 반드시 '처음'이 있을 터, '처음' 또는 '첫'이란 낱말이 가지는 의미가 엄숙과 희망, 두근거림, 설렘, 짜릿함, 미숙, 신선, 그윽함, 신기, 기쁨이라는 색다른 의미로 부각되어 신선하게 다가온다. 이처럼 같은 말이라도 문맥에 따라 색다른 느낌으로 해석되는 우리 말의 참신한 아름다움을 보여주고 있다.

위 예시 외에도 「날자, 또 날지」,「울긋불긋」,「서양에 시를 짓다」,「생각에 대하여」,「흐르는 것들」,「어느 날」,「빠지다」와 같은 시들이 그 어휘가 쓰이는 문맥에 따라 다양한 연상작용을 하도록 함으로써 시적 묘미를 느끼게 한다.

3. 체화된 기독 사상의 발현

김정의 시인은 독실한 기독 신앙인으로 일상화되고 체화된 기독 사상을 시로 엮고 녹여 발현하고 있음을 본다. 이 같은 그의 시는 사랑과 희생이 따르는 더불어 함께 살아가고자 하는 공동체 삶의 추구에 다름이 아니다. 제3부에 실린 시가 이에 해당된다고 하겠는데 이 중 두 편만 살펴보기로 한다.

출렁이는 물가에
한쪽 다리로 중심 잡고
꼿꼿이 서 있는
두루미의 의젓한 자세

세찬 바람결에
무수히 흔들리면서
중심을 움켜쥔 풀잎의 몸부림

어둔 세상 밝히려
수직으로, 수평으로 뻗은 팔
그 만남의 중심에 품은 사랑
'좌로나 우로나 치우치지 말라'
붉은 십자가의 뜨거운 고뇌

아집과 비방의 예리한 날 세우고
상대방을 향해선
귀 막고 눈 가린 사람, 사람들
대자연을 스승으로 모시면
세상의 중심 바로 잡히려나
-「중심 잡기」 전문

한쪽 다리로 중심 잡고 서 있는 의젓한 두루미의 자세를 보며 수직의 하나님 사랑, 수평의 이웃 사랑, 그 십자가의 희생과 무조건적 용서와 사랑을 잊지 말고 상대방의 입장에서 배려하며 대자연을 스승으로 삼아 살아가면 흐트러진 세상의 중심도 바로 잡히리라는 염원을 노래하고 있다.

더 잘 듣기 위해 눈을 감는다
눈 감으면 좀더 잘 보일 때가 있다
검정 연미복 지휘자의 앞모습이 그렇다
정적을 휘젓는 지휘봉은 권위로 감싸여
그의 눈빛 따라 천둥 치듯, 잔물결 찰랑대듯
때론 미풍이 꽃잎 어루만지는 듯한 소리
켜고, 불고, 두드리는 저마다의 악기로
하나의 조화로운 화음을 내기 위하여
해산하는 어미처럼 참아내는 아픔의 희열

청중의 영혼을 적시는 경이로움이여

만추의 아름다운 연주를 위하여
나 어떻게 내 마음을 지휘해야 할까
삶의 절묘한 하모니 만들어 낼
'아홉 열매' 단원을 기어코 모셔야 하리
사랑·희락·화평·인내·자비·양선·충성·온유·절제
이들이 조화로운 화음에 녹아들도록
부친께서 사랑의 선물로 주신 '성실', 그를
오보에 주자로 삼아 기준음 '라'를 불고
모두가 자기의 악기를 조율, 튜닝을 마치면
누에고치 비단실 뽑아내듯
하나의 목표 위한 최상의 소리 뽑은 후
인생의 뜨거운 박수 받으며
서산마루 넘는 해처럼 퇴장할 수 있다면….
-「내 마음의 오케스트라」전문

우리가 살아가는데, 있어서는 오케스트라와 같은 '삶의 절묘한 하모니'가 필요하다. 어느 한 악기가 제멋대로 튀어서도 안 되고 일사불란한 지휘자의 지휘에 따라 '오보에 주자'의 '기준음'에 맞추어 '하나의 목표'를 향해 최상의 음률을 생산해 내야 한다. 그리하여 성령의 아홉 열매를 우리 마음과 삶에서 맺어 '조화로운 화음'이 가득한 세상으로 나아가야 한다고 한다.

4. 고향과 가족 그리고 어머니

김정의의 시에 있어 고향과 어머니는 칼 융이 이야기하는 존재의 원형질로 나타난다. 이는 아리스토텔레스가 말하는바 존재론의 제일 원리이기도 하다. 이는 느리고 정겹던 아날로그 시절의 풍속과 추억에 대해 근원적 향수의식을 불러일으킨다. 이러한 리트로(Retro) 즉 복고감성은 반드시 구세대 때문에 일어나는 현상만은 아니며 때론 젊은 세대들의 구시대적 문물에 대한 정서가 작동하여 과거가 새로운 관심사로 떠올라 뉴트로(New+Retro)란 신조어로 유행하기도 한다. 고향과 이머니라는 단어가 주는 인간의 원형적 안락과 그리움은 초현대 문명사회가 될수록 오히려 그 속도와 반비례하여 나타나는 것이 아닐까.

어미 우렁이 속살 녹여
제 새끼 키워내듯
여섯 남매
그리 길러내신 어머니

날만 새면
원댕이골 보리밭, 콩밭에서
풀과 씨름하며 외로움 흥얼거리실 때
객지에서 공부하던 자식들
어쩌다 어머니 곁으로
밭이랑 뭉기며 달려가면
까슬한 갈퀴손으로 감싸 안으며
우리들 발자국마저 아껴 두셨던 어머니

시린 하늘 아래 당신 남겨두고
저희 둥지 만들어 날아가 버린 새끼들
생신이라 명절이라 우르르 몰려왔다
썰물처럼 죄다 빠져나갈 때면
동구 밖 늙은 은행나무 밑까지
눈물 그렁그렁 따라 나오셔
"언제 또 올래?"
매번 되풀이하시던
뜨거운 그 목소리….
-「언제 또 올래」 전문

에리히 프롬에 의하면 기억 속에 존재하는 시간은 언제든지 현재로 뛰어나올 수 있다. 기억은 우리의 내부에서 흘러 다니며 확장되기도 하고 서서히 배출되어 망각으로 흐르기도 한다. 그러한 기억의 시간 속에서 자신의 존재의 근원인 고향과 어머니는 언제나 가슴 맨 밑바닥에 자리잡아 어렵고 힘들 때나 인생길의 굽이마다 떠올라 새 삶에의 활력소를 제공한다. 자신의 '속살'을 녹여 키워주신 어머니, 자식들 다 떠나간 뒤에도 빈 둥지에서 '언제 또 올래' 애타게 부르는 고향 그리고 어머니의 무조건적 사랑이 눈물겹게 아름답다.

그의 시는 이러한 고향과 어머니의 근원적 관계망에서 나아가 아들, 손자, 남편과 친지와의 교류와 사랑, 그리고 주변 이웃, 나아가 보다 큰 범주로는 자연과 인간 전반에 이르기까지 그 관계망의 범주를 넓혀 그 관계의 소중함과 그들과 조화로운 삶의 이상을 도모하고 있다.

> 낮 2시쯤 신대방역 앞 사거리에서
> 멈춰선 차창 밖으로 날 보았다고,
> 회색 마스크, 자주색 모자와 재킷차림으로
> 얄팍한 종이 봉다리 하나 들고
> 느릿느릿 횡단보도를 건너더라고,
> 늘상 잰걸음이기 기연미연其然未然 했지만
> 힐끗 돌아본 모습이 분명해
> 소리쳐 부르고 싶더라며

느릿해진 내 발걸음 왜냐고 묻는다.

한동안 못 본 전화 속 교우敎友 목소리
메마른 가지 적시는 빗물 같다
하늘 별무리 중 북극성으로 다가와
냉돌방이 화롯불 품은 듯 후끈해지는
해질녘
-「관심」 전문

이 시는 차를 타고 가던 교우가 사거리에서 길을 건너는 화자를 보고 소리쳐 부르고 싶었다는 전화 속 목소리를 듣고 그 반가움에 따뜻해지는 마음을 노래한 시로 사람과 사람 사이의 곡진한 관계설정 곧 타자들과의 공존을 통해 조화를 이루려는 삶의 의미 찾기와 존재론적 위상을 환기하고 있다.

엄마 자궁 속 씨눈이었을 때
핏줄로 내려 내려온
질긴 비밀의 끈 디엔에이(DNA)

과학의 눈으로도 안 보이는
영혼으로 이어진 엄숙한 선線

너와 나로 연결된
거미줄처럼 끈적한 연줄

바다도 몸속으로 들어와
실핏줄까지 산호색 물들이고
깊이와 넓이를 채근하는 혈맥血脈

캄캄한 길 오는 동안
잡아주고, 끌어주고, 밀어주고, 살펴주신
영험靈驗한 음성 감지할 수 있도록
소라껍질 수신기에 고성능 안테나 덧대고
무선의 끈 꼭 잡고 나아가는 나의 길
-「보이지 않는 끈」 전문

나의 현 존재(Dasein)는 세계 내 존재(In der Welt sein)로 '보이지 않는' 태초로부터 이어져 온 끈에 의해 존재하고 있다. 거기에는 이루 말할 수 없는 디엔에이가 작동하여 핏줄로 이어져 왔고 이루 말할 수 없는 존재자들의 '잡아주고 끌어주고 밀어주고 살펴주신' 결과로 현재의 내가 존재하는 것이다. 그러기에 섭리에 따라 이어져 온 그 끈, 곧 자연과 인간의 관계망 속에서 생명공동체와 화합하여 조화롭게 살아가야 한다.

개인의 동기 이론에 따른 욕구 차원에서 본 매슬로

우(A.H. Maslow)의 욕구 단계 5단계에서는 관계망 형성이 3단계에 해당하는 '소속감과 애정의 욕구'라 하겠으며 이를 수정한 앨더퍼(C.P. Alderfer)에 의하면 3단계 중 두 번째인 '관계 욕구(relatedness needs)'에 속한다고 하겠지만, 개인을 떠난 집단과 인류 보편적 차원에서 보면 이러한 자연과 인간, 인간과 인간의 올바른 관계 형성에 따른 공동체적 삶의 추구는 그 무엇보다 최상위에 있는 핵심의제라 할 것이다.

5. 나가며

김정의 시인의 시는 고향과 어머니가 존재의 근원으로 자리잡아 근원적 향수와 뿌리 의식을 불러일으킨다. 이러한 근원은 좀 더 나아가면 가족과 친지, 이웃에 이르러 존재론적 관계망을 구축하고 좀 더 시야를 넓혀 자연과 인간, 인간과 인간의 관계망을 형성하기에 이른다. 그러한 관계망 형성은 체화된 기독 사상이 그 바탕을 이루고 있다. 그리하여 선한 사마리아인과 같이 이해관계의 경계를 깨뜨린 이웃 사랑을 통한 더불어 살아가는 삶의 추구가 큰 범주를 이루게 된다. 하나의 우주 안에서 개체는 하나의 원으로 연결된 하나의 생명체에 다름이 아니다. 시인은 현시대에 우리가 처한 상황하에서 요구되는 정의와 사회적 가치추구란 명제를 진정성 있는 진솔한 시적 언어로 보여주고 있다.